우리는 천생연분이야, 오로지 그것만 믿어.
"Wir passen perfekt zusammen,
glaub nie etwas anderes."

ⓒ 2024. Hojin Kim
All rights reserved.

ⓒ 2024. 이 책은 대한민국 저작권법의 보호를 받는 저작물입니다.
무단 전재 및 복제를 금지하며, 책의 전부 또는 일부를 사용하려면
반드시 저자와 도서출판 이목의 동의를 받아야 합니다.

— 이 책에서 사용한 서체

한국출판인회의 KoPubWorld 바탕체
한국출판인회의 KoPubWorld 돋움체
국가보훈처x투게더그룹 62570체

남편이 쓰는 임신수첩

마음으로 아기를 품은 남편, 그 열 달의 기록

김호진 에세이

노서출판 이북

글의 순서

여는 말 **아빠가 된다는 것**　　　　　　　　　　　　　　　　8

하나　**설레는 첫 걸음**

4주 6일	'임신 테스트기' 두 줄? 아빠가 되었다	15
5주 4일	사랑의 크기는 1.4cm	24
6주 1일	엽산, 탄산, 산 넘어 산	32
7주 1일	입덧은 알겠는데 '먹덧'은 또 뭐야?	39
8주 0일	아기의 첫 심장소리, 내 가슴도 뛰었다	45

둘 아직은 어색한

8주 4일	문질문질 손끝에 사랑을 담아요	55
9주 0일	임신 중 다이어트? 휴식보다 중요한 운동!	61
9주 4일	입맛도 유전이 되나요?	71
10주 2일	꼬물꼬물 손가락이 생겼어요	75
11주 2일	엄마가 아프면 아기도 아프다	81
12주 4일	첫 입체 초음파, 씰룩씰룩 엉덩이	89

셋 항상 새로워

14주 1일	허영, 불안, 죄책감의 거래소 '베이비 페어'	99
14주 6일	배앓이의 특효약 '누룽지 통닭'	106
16주 0일	둥근 달 한가위, 아들은 아들을 만났다	111
17주 1일	살찌는 임신부, 한 달에 2kg씩만!	116
18주 2일	배 뭉침, 걱정말아요	120
19주 6일	꾸물꾸물 태동의 시작	123
20주 4일	반환점 통과! 여행을 떠나자	129
21주 0일	배려석이요? 없는데요?	134

넷 만남을 준비해

21주 2일	딸꾹질과 태아보험	143
22주 2일	비상상황을 대처하는 자세	150
24주 4일	임신성 당뇨를 주의하라	157
26주 6일	출산 전 해외여행 그리고 코골이	163
28주 3일	우리 아기는 엄마 코를 닮았다	170
30주 1일	셋이 찍는 첫 가족사진	175
31주 0일	둘이 떠나는 마지막 겨울여행	179

다섯 기다림의 끝

32주 6일	가진통과 마사지	187
34주 0일	기침 콧물 감기 그리고 '맘톡방'의 성역	192
35주 3일	아기를 만나기까지 앞으로 딱 한 달	200
37주 2일	작지만 큰 우리 아기	205
38주 3일	선택의 갈림길	214
38주 6일	영원히 잊지 못할 하루	220

여섯   반가워 사랑해

1~3일	사흘간의 입원실 라이프	231
3~6일	산후조리원, 2주간의 마지막 휴식	238
6~10일	신생아 황달, 애타는 부모 마음	243
16일	아내가 돌아왔다, 진짜 육아가 시작됐다	251
30일	행복과 고통이 교차하는 육아 현장	257

맺는 말   아기, 그 끝없는 행복의 화수분   266

여는 말

아빠가 된다는 것

아내와의 결혼을 결심하던 날, 영원히 아끼고 사랑하며 지켜주겠다고 약속했다. 그리고 이날의 약속을 절대 죽을 때까지 잊지 않겠다고 다짐했다. 멋진 요트에서 프로포즈하던 순간에도, 수많은 하객의 앞에서 혼인을 서약하던 순간에도 그리고 이 글을 쓰는 지금에도, 그날 그때의 마음은 변하지 않았다.

사랑하는 아내와 영원히 함께하기로 마음 먹은 그날로부터 내 남은 삶은 나만의 것이 아니게 됐다. 내가 먹고 마시고 자고 즐기고, 때로는 힘들고 어려운 일에 낙담하기도 하고, 큰 성취에 기쁨을 누릴 때에도, 이 모든 것은 나 혼자만을 위한 것이 아니라 사랑하는 나의 아내의 행복과 건강을 위해, 따뜻하고 화목한 가정의 미래를 위한 것이라고 여겼다.

그러던 어느 날, 내 삶에 아기가 찾아왔다. 순진하게도, 어떻게 하면 아내와 나 둘이 즐겁게 살 수 있을까 고민하며 신혼의 매일을 보내던 내 앞날에 별안간 새로운 장이 열렸다. 지금까지의 삶을 몇 가지 구간으로 나누어, 서른 평생 혼자 지내던 과거는 제1장이요, 아내와 만나 두 번째 장이 열렸고, 이제는 제3장 '아빠의 삶'이 시작된 것이다.

아빠가 된다는 것은 무엇일까. 막연하게 "책임져야 할 생명이 하나 더 늘었다"라는 정도로 정리하기에는 '아버지'라는 단어가 갖는 울림이 심상치 않다. '누군가의 아들'로 평생을 살아온 내가, 이제는 상황이 뒤바뀌어 '누군가의 아들'이 된 나의 아들을 반듯하게 키워내야 한다니. 여태껏 마주치고 극복해 온 모든 난제들을 다 돌이켜 보아도, 이만큼의 중압감을 주는 허들은 없을 것이다. 끝을 알 수 없는 구덩이 혹은 하늘 높이 솟은 벽을 마주한 것만 같이, 가늠하기 어려운 막막함과 긴장이 느껴졌다.

잘 할 수 있을까? 과연 나의 아버지가 그러했듯이 나 또한 나의 아들에게 훌륭한 거울이자 버팀목이 되어 줄 수 있을까? 무한한 헌신과 흔적도 남지 않는 노력들을 홀로

삭이며 감내하기에는, 나라는 사람이 가진 역량과 의지가 턱없이 부족하게만 느껴졌다. 나는 스스로 생각하기에도 아직 철이 덜 들었고, 영원히 꼬마 소년처럼 이리 뛰고 저리 뛰고 천방지축으로 살고 싶은 마음만 가득한데, 내가 과연 아버지가 될 수 있을까? 아니, 되어도 괜찮을까?

아기의 존재를 확인한 그날로부터, 시간만 나면 사무실 앞 교보문고로 달려가 세상 천지에 널린 임신, 출산, 육아 도서를 탐독하기 시작했다.

하지만 내가 원하는 정보는 쉬이 얻을 수 없었다. 아무리 세상이 바뀌었다고 한들, 육아는 여전히 '엄마의 몫'이었고, 열 달의 임신 기간 중에 아빠는 도대체 무엇을 하면 좋을지, 당사자가 아닌 조력자로서 지켜보는 임신은 어떠한지를 알려주는 책이 없었다. 간혹 아버지의 입장에서 쓴 임신 출산 육아 도서가 손에 들어오기도 했으나 원하는 정보를 충분히 흡수하기에는 마땅치 않았다.

그래서 이 모든 이야기를 책으로 써 남기기로 했다. 사랑하는 나의 아내가 하나의 생명을 잉태하고 온전한 인간으로 세상 밖에 내보내는 순간까지의 모든 과정을 옆에서 지켜보며 기록하기로 했다. 지난날의 나와 같이 '아빠가 마주한 임신'에 대한 정보를 찾아 헤매는 미래의 모든 남편들을 위해, 소소하게나마 나의 이야기를 한 데 모아 정리하기로 했다.

이건 어쩌면 나 혼자만의 일기임과 동시에, 아내에게 바치는 사랑의 편지일 수도 있고, 먼 훗날 지금의 나처럼 '누군가의 아들'에서 '아버지'로 정체성이 바뀌게 될 우리 아들을 위해 남겨둔 볼품없지만 슬쩍 읽어볼 만한 참고서가 될 수도 있다.

이 글을 완성하기까지 지난 1년을 돌이켜 보아, 과연 '아빠가 된다는 것'은 무엇이며, 어찌하면 훌륭한 아버지가 될 수 있을 것인가를 번쩍 깨달았느냐 자문하면, 결코 그렇지 않다. 나는 여전히 모두가 선망하는 '좋은 아버지'란 무엇인지, 언젠가는 내가 그리 될 수 있을 것인지에 대하여 고민하고 있고, 방법을 찾아 헤매고 있다.

그런 의미에서, 누군가에게는 이 책이 하등 쓸모 없이 느껴질 수도 있겠지만, 나와 같은 고민을 하고 나와 같은 길을 걷고 있는 아무개 남편들에게 미약하게나마 도움이 될 수 있다면 그걸로 족하겠다.

2024년 04월 11일 깊은 밤
젖먹이 아들을 요람에 누이고

남편이 쓰는 임신수첩
김호진 에세이

하나
설레는 첫 걸음

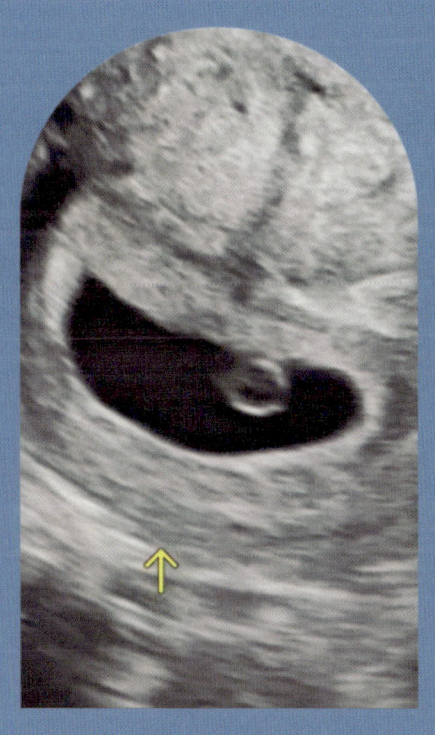

남편이 쓰는 임신수첩
김호진 에세이

4주 6일

'임신 테스트기' 두 줄? 아빠가 되었다

연애 3년 동거 7개월. 결혼식을 올린 지 두어 달쯤 지난 어느 날, 아기가 찾아왔다. 사랑의 결실로 맺어진다는 '임신'이라는 게, 방학 생활표처럼 내 마음대로 딱딱 끊어 이루어지는 게 아니라는 사실은 익히 들어 알고 있었지만, 막상 눈 앞에 마주하니 놀랍기는 매한가지였다. 선명한 두 줄. "이렇게 진하게 나오는구나". 아내 손에 들린 임신 테스트기를 멍하니 바라보며 아빠로서의 새 날이 시작됐다.

돌이켜 보면 임신의 징후는 곳곳에 있었다. 아내는 임신 테스트에 앞서 한두 주 전쯤부터 저녁 9시만 되면 몸이 무겁고 졸리다며 일찌감치 잠자리에 들었다. 갑작스레 많아진 업무량에 체력이 달리는 것 같다며 "운동이라도 해야겠다"라고, 이미 침대에 들어간 채 팔만 휘적이며 말하던 아내가 아이같이 귀엽기도 하고 안쓰럽기도 했다.

임신 극초기 즉 임신을 처음으로 눈치채는 그쯤까지는, 안정적인 수정란 착상을 돕고 임신 과정 전반을 준비하기 위해 온갖 호르몬이 활발하게 분비된다. 그중 에스트로겐과 프로게스테론의 증가가 급격하게 발생하는데, 이 호르몬 친구들 덕분에 참을 수 없이 졸음이 쏟아지거나 누워 지내고 싶은 욕망이 샘솟게 된다. 어쩐지 낮잠과는 담을 쌓고 지내던 아내가 토요일이고 일요일이고, 오후 서너시면 낮잠을 자러 가더라니. 이유가 다 있었다.

또 다른 단서. 아내는 임신 사실을 알기 대략 열흘 전쯤 "가슴이 무겁고 아프다", "배가 묵직하다"라며 몸의 이상 신호를 알렸다. 별달리 임신의 가능성을 염두에 두고 있지 않았기에, 아내나 나나 곧 생리가 시작되겠거니 하며 대수롭지 않게 생각했다. 물론 여느 신혼부부와 마찬가지로 "임신한 거 아니야?"라며 시시덕거리기도 했지만, 결혼을 전제로 동거를 한 지 반년 그리고 식을 올린 지 겨우 두어 달이 넘어가던 참이었던지라 "임신이면 너무 억울하지 않겠어?"라는 말로 대화를 마무리하는 게, 일종의 우리만의 정해진 농담 코스였다.

하지만 말이 씨가 된다고 했던가. 아니, 사랑의 씨앗이 결실을 맺었다고 해야 하나. 막상 선명한 두 줄을 마주하고 보니, 한참을 고대하던 '겨울 동남아 여행' 따위는 억울할 겨를도 없었다. 그저 머릿속에 기쁨만 가득했다.

각종 신호를 잘못 받아들이며 몇 주를 살아온 우리는, 그래도 무언가에 끌리는 힘이라도 있었는지 식사를 마친 뒤 설거지를 하며 "오늘은 임신 테스트를 해 보자"라고 의기투합했다. 아기를 갖겠다는 결연한 의지가 있었던 것은 아니었지만, 생리의 전조증상과는 어딘가 사뭇 다른 '기운'을 느낀 것 같다. 나도 임신 테스트기는 지금이 아니더라도 언젠가는 꼭 한 번 써야 했기에 미리 연습해 두면 좋겠다고 생각했다.

그리하여 나는 훌쩍 편의점으로 가 임신 테스트기를 두 개, 종류를 달리하여 사 왔다. 오늘 저녁에 임시로 해 보고, 내일 아침 첫 소변에 맞춰 정식적으로 검사해 볼 요량이었다. 그나저나 임신 테스트기는 생각보다 비쌌다. 하나에 5천 원, 6천 원씩 했다. 일생일대의 판가름을 내는 녀석이라 생각하면 저렴한 것일지도 모른다.

편의점에 다녀오니 아내는 이미 잠들어 있었다. 저녁 식사를 마친 지 얼마 되지도 않은 이른 밤이었지만, 기껏

해야 편의점을 다녀 올 5분 10분 짧은 사이에 깊은 잠에 빠질 정도로 아내는 하루 종일 비몽사몽 잠과 싸웠던 것이다. 나는 곤히 잠든 아내를 침실에 둔 채 밀린 재택 업무를 처리하러 갔다.

  11시 30분쯤 됐을까. 적당히 일을 마무리하고 침실에 들어가는 나의 인기척에 아내가 잠에서 깼다. 별안간 "어디 갔다 왔느냐"라고 묻는 아내. "임신 테스트기를 사 오고 보니 당신이 잠들어 있어서 일 좀 하고 왔다"라고 답하니, 아내는 "아, 임신 테스트기"라며 덜 깬 눈을 껌뻑이

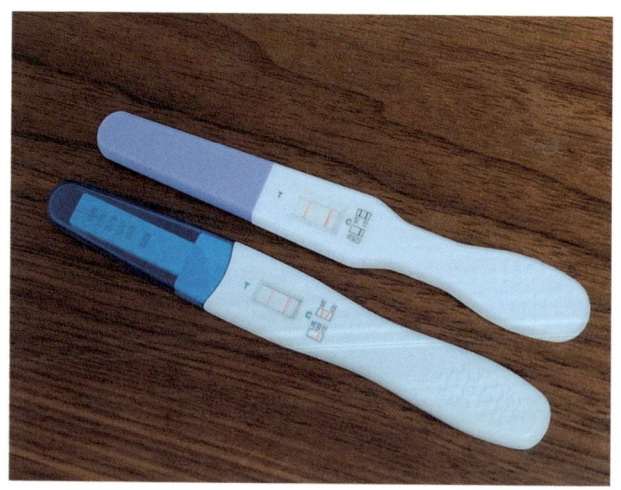

2023.07.13. 아가야 안녕!

고는 상황을 파악하느라 바빴다. 내가 편의점에 다녀오겠다 말한 것조차 잊어버릴 정도로 강력한 잠의 공격을 받은 아내. 아내는 잠에서 깬 김에 화장실에 갈 터이니 겸사겸사 임신 테스트를 해 보겠다고 했다. 자다 일어나 정신이 혼미한 와중에도 임신 테스트기를 써먹겠다니, 의지가 보통 대단한 게 아니었다.

"진짜 임신이네". 아내의 목소리는 담담했다. 평소라면 작은 일에도 호들갑을 떨고 벌레도 주사도 공포영화도 벌벌 떠는 겁쟁이 아내가 이 날 이 순간 만큼은 내담한 평정심을 자랑했다. 그럼에도 세상 누구보다 동그랗게 뜬 큰 눈은 감추지 못했다. 나 역시 은근히 마음의 준비를 하고 있었던 터라, 방방 뛰며 난리 법석을 피우거나 "에이 거짓말"이라며 농담으로 받아치는 추태를 부리지는 않았다.

오히려 딱히 의식한 것은 아니지만 "사랑한다"라는 말이 입 밖으로 튀어나왔고, 아내를 꼭 끌어안았다. 임신 소식을 듣고 다리에 힘이 풀려 주저앉거나 눈물을 왈칵 쏟거나 하는 '정답'에 가까운 리액션은 아니었겠지만, 확실한 오답을 고르지는 않았으니 참으로 다행이다 싶다. 다만 겉으로 드러나는 반응은 평온했을지언정, 두근거리는 심장은 어쩔 도리가 없었다. 아닌 척 태연한 척 약통을 열고는 부정맥 치료 약 '인데놀'을 한 알 냅다 삼켰다.

앞에 서 있는 이 여자가, 나의 사랑스러운 아내가 나의 아이를 임신했다. 몇 번을 보아도 붉은 두 줄이 진하게 자리한 것이 '틀림없는 임신'이었다. 혹여 약간이라도 흐릿하게 보였다면 일말의 의심이라도 남았겠지만, 이건 정말이지 누가 봐도 임신이었다.

아내와 나는 누가 먼저랄 것도 없이 "자, 지금부터 어떻게 할지 생각해 보자"라며 화장실 앞 벽에 등을 기대고 고민에 빠졌다. 집이 좁은 것도 아니고, 천장이 무너지는 것도 아닌데, 아닌 밤중에 '스탠딩 미팅'이 시작됐다.

나는 아내의 이런 모습에 끌려 결혼을 결심했는지도 모르겠다. 일상 속에 보이는 아내는 천진난만 어린아이같이 순수하고, 때로는 치와와처럼 겁쟁이에 호들갑을 떨기도 하고, 삐졌다가 풀렸다가 감정 기복이 오르락내리락 바쁜 사람이다.

하지만 중요한 결정을 앞두고 있을 때는 누구보다도 진지하고 냉철한 판단을 한다. 때에 따라 단단하고 강한 모습을 보여주는 아내는 먼 미래를 함께 도모할 수 있는 든든한 버팀목이다. 그런 아내를 보고 있으면 옆에 있는 나까지도 정신을 바짝 차리게 된다.

생각해 보면 '아기가 생긴다는 것'은 참으로 놀라운 일이 아닐 수 없다. 심신이 건강한 젊은 부부라도 기껏해야 열에 셋만이 원하는 시기에 자연스럽게 임신에 성공한다고 한다. 아무리 기원하고 노력해도 아기는 열 집안 중 셋에만 찾아온다. 야구 선수도 3할 이상 안타를 치면 훌륭하다 평가받는 마당에 30% 이쪽저쪽의 확률을 뚫고 임신에 성공한다는 건 가히 위대한 일이지 싶다.

열 달 뒤에 만날 엄마 아빠를 위해 아기가 배려해 준 것이라 생각하기로 했다. 빙글빙글 먼 길을 돌아 우리를 고생시킬 수 있었음에도, 곧장 정직하게 찾아와준 아기에게 더없이 감사하다. 아기의 존재를 처음 인식한 이 날 이 순간의 감사함을 잊지 않고 바르게 살아야겠다. 아이는 어버이의 등을 보고 자라며, 아이는 부모의 거울이라 했던가. 나의 등을 보고 자랄 누군가가 생겼으니 먼 훗날 '거울'을 봤을 때 좋은 남편이자 멋진 아버지를 마주할 수 있도록 열심히 살아야겠다.

미리 알았으면 좋았을 것들

혹시 임신일까?

임신을 준비하고 있는 엄마 아빠들은 갑작스레 찾아올지 모를 아기를 반갑게 맞기 위해, 임신 초기 증상을 미리 알아두면 아주 좋아요. 우리 부부는 '아무런 생각이 없었기에' 몇 가지 확실한 징후들을 느끼고도 그러려니 무시하며 지나쳤는데, 미리 알았더라면 더 빨리 더 섬세하게 대처했지 싶어요.

1. 예정일이 지나도 월경이 없다
2. 감기에 걸린 듯 약한 열이 난다
3. 가슴이 부풀고 민감해졌다
4. 속이 메스껍고 소화가 잘 안 된다
5. 소변이 자주 마렵다

위 증상 중 하나가 있다고 해서 무조건 임신이라고 단정 지을 수는 없겠지만, 몇 가지 증상이 복합적으로 나타난다면 한번쯤 의심해 볼만 해요. 미리 알아두고 체크한다면 안정적인 착상에 방해가 될 요소, 예를 들어 음주, 흡연, 수면 부족, 스트레스 등을 빠르게 차단할 수 있어 도움이 돼요.

미리 알았으면 좋았을 것들

올바른 임신 소식 반응법

아내의 임신 소식에 '올바르게' 반응하지 못하면, 평생을 두고두고 혼이 나요. 혹여 뜨뜻미지근한 반응을 보였다가는 대단히 서운한 일이 될 수 있어요. 그러니 남편은 반드시, 아내의 마음을 헤아려 따뜻하고 사랑스럽게 반응하도록 해요.

그리 어렵지 않아요. 누구보다 긴장했을 아내를 꼭 안아주고 "고맙다, 사랑한다"라고 말하는 걸로 충분해요. "에이, 그럴 리가", "거짓말이지?" 등 김이 팍 새는 농담 가득한 리액션은 어떠한 경우에도 절대로 금지예요. 절대, 절대로.

드라마에 나오는 것처럼 펄쩍 뛰거나, 다리가 풀린 채 눈물을 주륵 흘리고, 건물 옥상에 올라가 "만세!"를 외칠 수는 없겠지만, 그에 준하는 반응을 할 수 있도록 노력해요.

갑작스러운 소식에 얼떨떨할 수 있겠지만, 그렇다고 너무 멍하니 '어...' 하고 있다가는 타이밍을 놓칠 수 있어요. 좋은 소식 전하는 좋은 날에, 서로의 감정이 맞지 않아 서운할 일이 생기면 슬프잖아요. 임신을 준비하고 있는 남편이라면, 언젠가 다가올 임신 소식에 어떻게 반응하면 좋을지 나름대로 상상해 보고 마음의 준비를 해 두면 좋아요.

5주 4일

사랑의 크기는 1.4cm

　아기의 존재를 공식적으로 확인하고 왔다. 집 근처 동네에서 실력이 좋다고 소문이 자자한 A 산부인과에서 도장을 쾅 받았다. 지난 새벽 전해진 유명 축구 선수의 이적 소식처럼 우리 아기에게도 당당히 '오피셜' 마크가 붙었다.

　초음파로 처음 만난 아기는 너무나도 신기했다. 아직 아기라고 부르기에도 민망할 정도로, 콩알보다 더 작은 세포 덩어리 녀석이 아내의 뱃속에 앙증맞게 자리하고 있었다. 기껏해야 1.4cm 남짓 크기의 태아 주머니에 동그란 눈알처럼 보이는 우리 아기. 초음파 카메라가 꿀렁

꿀렁 움직이는 와중에도 선명하게 보이는 이 작은 녀석이 나의 아기라니! 모니터 화면으로 보는 내내 '이게 다 무엇인가' 싶어 받아들이는 데 꽤나 시간이 걸렸는데, 출력한 초음파 사진을 건네 받고 뚫어지게 보고 있노라니, 작디 작은 이 콩알은 '사랑'이었다.

생전 처음 가 본 산부인과는 그냥 병원이었다. 사실 그냥 병원이 맞기는 하다만, 살다 살다 산부인과에 갈 일이 전혀 없었으니, 큰 건물 2층에 있는 외래층으로 올라가는 엘리베이터에서 살짝 긴장이 됐다.

접수대에서 초진 등록을 마치고 잠시 대기하는 사이, 아내는 나에게 "부끄럽다"라고 말했다. 병원이 다 똑같은 병원인데 부끄러울 게 뭐가 있겠나 싶어 대수롭지 않게 생각했으나, 아내의 말이 무슨 뜻인지 대략 10분 남짓 지나 알 수 있었다. 아무리 사랑하는 부부 사이라도 보여주고 싶지 않은 게 있고, 부끄러운 건 아무렴 똑같이 부끄럽다는 걸 깨달았다.

얼마간 기다린 뒤 순서가 되어 진료실에 들어갔다. 네모난 진료실은 여느 병원과 같이 평범했다. 비염으로 고생하느라 줄기차게 다니는 이비인후과와 다른 점이라고는, 책상 위에 놓인 것이 코와 귀 모형이 아니라 자궁 모형이라는 것뿐이었다.

의사는 의외로 쌀쌀맞은 편이었다. 임신 사실을 확인하기 위해 방문한 초짜 부부인 우리에게 이런저런 질문을 툭툭 던지는데 명쾌하게 대답하지 못하면 '말귀를 못 알아먹었나'라는 뉘앙스로 되물어 왔다. 지난 번 생리 시작 날짜를 잽싸게 답하지 못하거나, 임신 테스트기를 언제 했는지 곧장 떠올리지 못해 고민하면 "됐다"라며 다음 말을 이어갔다. 은근히 섞인 반말도 썩 유쾌하지는 않았다. 살짝 기분이 나쁘기는 했지만, 아무렴 의사도 인간인지라, 하루에도 수십 명의 환자를 상대하다 보면 사람이 날이 서는 건 어쩔 도리가 없겠지 하며 넘어갔다. 반대로 블로그며 리뷰며 혹평이 가득했던 카운터의 연세 지긋한 원무과장은 의외로 친절했다.

진료실 옆 커튼을 열고 들어가니 초음파실이 있었다. 조금 전 아내가 부끄럽다고 말한 대목이 바로 여기였다. 조명도 없이 어둑한 초음파실 한가운데에는 여성들이 흔히 일컫는 '굴욕의자'라는 놈이 있었다. 모니터와 초음파 장비만이 희미한 빛을 내는 어스름한 공간에 덜렁 놓인 '굴욕의자'. 나처럼 산부인과에 대해 전혀 모르는 남성 독자를 위해 설명하자면, 이 녀석은 산부인과용 진찰대다.

일상생활에서는 좀처럼 취할 일이 없는 자세로 무방비 상태에 놓이는 만큼 마음이 불편해진다 하여 '치욕의자' 또는 '굴욕의자' 등 멸칭으로 불린다. 여성들이 산부인과 진료를 기피하는 데 일등공신이라고 한다. 그래도 엄연히 의료기기이니 진찰대라고 제대로 불러야 맞겠지만, 세간에 널리 퍼진 인식과 이 날의 감정을 감안하여 구태여 '굴욕의자'로 표기했다.

아내는 나보다 한 발 먼저 들어가 진찰용 의복으로 갈아입고 자세를 잡고 있었다. 천으로 가려진 건너편에서 벌어지는 일은 알 도리가 없었지만, 아내가 어떤 마음가짐인지는 대략 짐작할 수 있었다. 아기와의 역사적 첫 대면은 이처럼 미묘한 감정 속에서 이루어졌다.

검진 결과 아내는 임신 5주 4일이었다. 이때까지 생리 주기나 헤아릴 줄 알았지, 임신 주수를 어떻게 계산하는지는 아내나 나나 모두 무지렁이에 가까웠다. 의사에게 설명을 들은 바, 임신 주수는 직전 생리 개시일이 기준이 된다고 한다. 임신이라는 게 여성의 자궁으로 정자가 전달되어 난자와 만나서야 비로소 시작되는 게 아니다. 정자가 없다고 해서 난자가 성장하지 않고 그저 놀고만 있다가 몸 밖으로 나오는 게 아니다. 그러니 다음 배란일을 맞이하기 위해 난자를 생산하기 시작한 날 즉 직전 생리

개시일로부터 계산해야 정확하다. 세상의 초보 엄마 초보 아빠들은 생각보다 임신 주수가 오래되었다고 놀라지 않기를 바란다. 우리는 워낙 아무 생각도 없었기에 놀라지도 않았고 오히려 '그렇구나' 끄덕이는 게 전부였다.

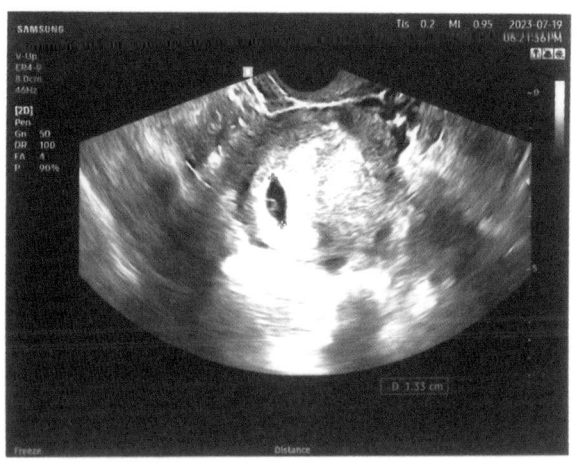

2023.07.19. 아주 작고 소중해!

임신 5주쯤 되면 슬슬 입덧을 준비해야 한다. 보통 6주를 넘어가면 입덧이 시작되니, 그에 앞서 맛있고 자극적이고 짜릿한 음식을 잔뜩 먹어두어야 한다는 뜻이다.

사실 의사가 말하길, 임신 중에 맵고 짜고 기름지고 자극적인 음식을 '먹는' 정도는 임신부와 태아 모두의 건강에 별달리 영향을 미치지 않는다고 한다. 대신 과도하게 배에 힘을 주어 복압이 올라갈 수 있으니 잘 '누는' 게 중요하다고 했다. 행여나 잘못된 음식을 먹고 배탈이라도 난다면, 약도 먹을 수 없으니 연신 배에 힘을주어야 할 테고, 이는 통 좋을 리가 없다. 어른들이 "임신부는 음식을 가려서 먹어야 한다"라고 잔소리하는 이유가 다 있다. 그래도 딱히 금지된 음식이 있는 건 아니니 마음껏 식사를 즐기되 아내의 입덧이 심하지 않기만을 기원할 따름이다.

저출산 고령화가 심각하다고는 하나 아직 서울 바닥에는 무수히 많은 산부인과가 있다. 연일 뉴스에서 산부인과와 소아과가 줄줄이 폐업하고 있다며 보도하는데, 막상 아직까지 피부로 느끼기에는 여유가 있는 듯했다. 문득 궁금해 통계청의 건강보험통계 '시군구별 표시과목별 의원 현황'을 조회하니, 서울 시내에만 395개 산부인과

의원이 있었다. 서울에는 25개 자치구가 있으니, 대략 한 구마다 16개씩 산부인과가 있는 셈이다. 이제 갓 엄마 아빠가 되어버린 우리들에게 이렇게 많은 산부인과 중에 어떤 놈이 좋은 놈인지 알아낼 재간이 있을 리 없다. 이럴 때는 크게 고민할 것 없이, 선택지를 가능한 단순하게 조여서 바라보면 큰 도움이 된다.

아내가 세운 기준은 단순했다. 제1조건: 집에서 가까울 것. 임신 초기에는 이런저런 이유로 거의 2주에 한 번 빈도로 매우 자주 병원에 가야 한다. 어차피 퇴근 이후 야간 진료에 방문할 계획이니 직장과의 거리를 고려할 필요는 없었고, 진료를 마친 뒤 재빠르게 집으로 돌아오기 위해 최대한 동선이 짧은 곳으로 결정했다.

제2조건 역시: 집이랑 가까운가. 임신 출산 후기를 살펴보니, 매번 진료를 보던 의사가 아닌 다른 의사가 출산 당일에 집도하는 사례가 생각보다 많았다. 아무래도 아기가 언제 튀어나올지 정확히 예측하기는 어려운 만큼, 매번 야간 진료로 만나던 의사가 하필이면 출산 당일에 휴진일 수도 있다. 야간 진료를 보는 병원은 의료진끼리 합의하여 근무표가 매달 바뀌니 마음 가는 의사에게 출산의 모든 과정을 끝까지 맡기는 건 사실상 불가능하다.

게다가 병원이야 언제든 바꿀 수 있다. 꼭 초진 때 갔던 병원을 마지막까지 다녀야 하는 것은 아니며, 출산만 다른 곳에서 하는 경우도 꽤 흔하다. 이것저것 정보를 아무리 주워 담았다 한들 직접 방문해서 진료를 받아보기 전까지는 임신부와 병원 사이의 궁합을 알 길이 없다. 여기에서도 한 번 진료하고, 다른 병원에서도 진료하고 비교하며 마음에 드는 곳을 찾아보기로 했다. 그러니 의사가 쌀쌀맞고 툴툴거리던 A 산부인과와는 머지않아 작별해야 할지도 모르겠다.

6주 1일

엽산, 탄산, 산 넘어 산

"속이 메슥거려". 저녁식사를 마치고 한껏 늘어져 있던 차에 아내가 끙끙 소리를 내며 말했다. 보통이라면 호르몬 변화로 인해 수면 타이밍이 고장 나서는 소화고 뭐고 여유 부릴 틈도 없이 수마와 씨름을 벌이고 있을 시간이었다. 어쩐지 저녁밥을 적게 먹더라니. 드디어 입덧이 시작됐다.

입덧은 보통 임신 4~7주쯤 시작해 20주쯤 사그라드는 현상으로, 임신 초기에 임신 사실을 알리는 징후 중 하나다. 입덧은 전체 임신부 중 80% 가량이 경험하는 아주 보편적이고 대표적인 증상인데, 개중에는 '입덧 약'을 복용해야 할 정도로 극도의 메스꺼움과 구토에 시달리는 사례도 더러 있다. 어머니의 성향에 따라 유전된다거나, 집안 내 여성 가족의 사례를 참고하면 좋다거나, 이런저런 예측이 있기는 하지만, 이는 임신부마다 다르기에 크게 의존할 수는 없다. 나의 누나만 해도 임신 후기까지 입덧이 이어져 밥도 못 먹고 토하러 다니느라 바빴는데, 반면에 우리 어머니는 누나와 나 둘을 낳으면서도 입덧이 전혀 없었고, 토하러 다니는 누나를 보며 좀처럼 이해할 수 없다는 반응이었다. 입덧 증상은 정말이지 임신부의 숫자만큼 다양하게 나타난다.

초음파 검사로 아기집을 확인했던 초진 당시 "곧 6주이니 주말부터 입덧이 시작될 거다"라고 경고를 들었는데, 의사 말 그대로 됐다. 비비탄 총알만큼 작은 우리 아기가 자기 나름대로 열심히 자라고 있다고 신호를 보내는 것이라 생각하니, 괜스레 마음이 찡했다.

아내는 임신을 하고 나니 밥 먹는 양이 부쩍 줄었다. 사실 하루 종일 섭취하는 음식의 양은 같거나 조금 는 것 같기도 한데, 한 번에 먹는 양이 많이 줄었다. 한참 먹성이 좋을 때는 마음에 드는 반찬에 밥 두 공기를 뚝딱 해치

우던 사람인데, 아무래도 입덧의 초입에 들어 몸이 따라주지 않으니 밥 먹는 일 자체가 힘든 것 같다. 식사 시간에 먹는 음식량이 줄어드니, 밥을 먹고 30분만 지나도 대번 속이 메슥메슥 해진다. 입덧은 공복일 때, 특히 아침에 눈을 떴을 때 가장 심했다.

저녁식사 후부터 줄곧 속이 안 좋다던 아내는 샤워를 하고 오더니 증상이 더 심해졌다. 침대에 눕지도 못하고 소파에 앉지도 못하고, 그렇다고 멀쩡히 서 있지도 못한 채 좌불안석 안절부절못하며 "토할 것 같다"라고 끙끙거릴 뿐이었다. 나는 그런 아내를 보고만 있을 수 없어, 서둘러 인터넷 세상에 즐비한 '선배 임신부'들의 지혜를 탐구했다. 입덧에 좋은 음식은 무엇인지, 입덧이 심할 때는 어떤 자세로 있어야 하는지, 어떻게 하면 입덧에서 빨리 빠져나올 수 있는지.

중구난방 난립하는 정보들 가운데 엄선한 결과 '탄산수'가 입덧 완화에 명약이라는 사실을 알게 됐다. 소화도 잘 안되고 메슥거리는 입덧 증상에 탄산음료가 구원자 역할을 톡톡히 한다고 했다. 당분이 잔뜩 들어간 음료수가 아니라, 그나마 건강에 위해를 가하지 않는 시원하고 깔끔한 탄산수. 나는 아내를 침대에 누인 뒤 서둘러 편의점에 다녀왔다.

입덧 극복을 위한 탄산수는 사실 아무런 향미가 들어가지 않은 녀석이 가장 좋다. 하지만 애석하게도 우리 동네 편의점에는 가향 탄산수밖에 없었으므로 라임, 레몬, 자몽 등 맛 별로 하나씩 다 사 왔다. 아내가 어떤 맛을 좋아할지 알 수 없었고, 아내의 취향을 어떻게든 때려 맞추었다 해도 뱃속에 있는 아기의 입맛까지는 맞출 자신이 없었기 때문이다. 그래도 아내와 아기 모두 라임 맛으로 타협을 해 주었으니 성공은 성공이었다.

탄산수 못지않게 입덧 완화에 도움을 주는 효자가 바로 '크래커'다. 입덧은 공복일 때 기승을 부리기 때문에 항상 뱃속에 무언가 들어가 있어야 했다. 때때로 간단히 먹을 수 있는 단백질 식품이나 에너지바, 크래커 등이 요긴하다. 세상에 널리고 널린 제품들 가운데 가격이나 간편함이나 맛이나 모든 요소를 고려했을 때 1등은 'C 크래커'다. 간혹 'A 크래커'나 다른 비싼 제품을 고르는 사람이 있기도 한데, 취향에 따라 다르긴 하겠으나, 일반적으로 향이 강한 크래커는 좋지 않다고 한다. 'A 크래커'는 애초에 커피나 홍차와 함께 곁들여 먹는 용도이기 때문에 향이 너무 강하다. 가뜩이나 냄새에 민감한 임신 초기에 자극적인 향과 맛은 오히려 독이 될 수 있다.

당분간 우리 집 안방 침대 머리맡에는 크래커와 탄산

수가 자리하게 됐다. 신혼집을 꾸미기 위해 하나둘씩 집에 들인 멋진 장식품과 향기 비누는 자리를 잃었다. 아무리 아름답고 향기로운 녀석이라도 아내의 행복을 지키기 위한 '크래커 탄산수 쌍두마차'의 앞길을 막을 수는 없다.

엽산을 샀다. 인터넷 쇼핑몰에서 구매한 'S 엽산' 3개월 분량. 대략 20,000원 언저리였던 것 같다. 산부인과 초진 때 "왜 엽산을 안 먹느냐. 이미 늦었지만 지금이라도 빨리 사다 먹어라"라고 의사에게 불쾌하리만치 혼쭐이 나고는 서둘러 엽산을 주문했다. 아무리 각종 영양분이 모자란 현대인이라지만 엽산을 챙겨 먹지 않았다고 '이미 늦었네 어쩌네' 소리를 듣고 있자니 기분이 유쾌하지 않았다. 엽산을 먹어야 한다는 상식이 없던 시절에 태어난 나는 어떻게 살아남았다는 건가 싶기도 했지만, 잔소리를 또 듣고 싶지는 않았기에 말을 듣기로 했다.

엽산은 제조사 브랜드에 따라 다르지만 대부분 400mcg 혹은 800mcg 두 종류로 나뉜다. 400mcg는 보통 임신을 준비하는 단계에서 복용하고, 임신 중일 때는 아기와 나눠 먹어야 해서 그런지 800mcg로 복용량을 늘린다. 임신부에게 엽산이 부족하게 되면 조산이나 유산을 일으킬 위험도가 높아지고, 임신 과정 전반에 문제가 발생할 가능성 역시 높아진다고 한다. 아내의 건강과 아기의 건강까지 한 번에 챙겨주는 똘똘한 엽산. 우리는 임신 준비 단계를 뛰어넘고 곧장 본선으로 직행했기 때문에 앞으로의 레이스는 800mcg와 함께 하기로 했다.

2023.07.22. 임신 초기, 마법의 삼총사

임신 초기에는 이것저것 챙겨야 할 게 너무나도 많아서 온갖 정보를 다 머릿속에 넣고 실천에 옮기려니 보통 일이 아니다. 장기적인 계획을 세우고 착실하게 임신에 대비해 준비 과정을 거쳤다면 그나마 할 만했을 텐데, 우리 부부는 그렇지 않았기에 부랴부랴 공부해야 할 게 많았다.

그러다 보니 뱃속의 아기를 쑥쑥 키우면서도 나가서 돈도 벌고 집안일도 잘 도와주는 아내가 너무나도 대단하고 감사하게 느껴졌다. 원래부터 집안일의 대부분을 내가 담당하고 있어서 망정이지, 퇴근하고 돌아와 손 하나 까딱하지 않는 남편이었다면 이걸 다 아내가 해야 했을 텐데, 상상만 해도 끔찍하다.

기특하고 대견한 아내를 위해 내가 할 수 있는 일은 그다지 많지 않다. 일단 오늘은 수박을 먹고 싶다는 아내의 말에 수박을 한 통 사 와서 열심히 썰었다. 이 정도가 최선이라는 게 남편으로서도 아빠로서도 서글프다. 같이 만들고 키워가는 아기이니 나도 같이, 아니, 가능하다면 그냥 나 혼자 다 아프고 고생하면 좋으련만. 녹록지 않다.

7주 1일

입덧은 알겠는데 '먹덧'은 또 뭐야?

　임신 7주에 돌입하니 초기 입덧으로 속 쓰림을 호소하던 아내에게 돌연 기이한 현상이 발생했다. 입덧이란 자고로 뱃속의 아기에게 나쁜 영향을 줄지도 모르는 음식을 잘 가려서 먹으라며 구토와 메스꺼움을 신호로 알리는 '진화의 산물'일진대, 이를 뒤엎는 '먹덧'이 시작되었다.
　아내는 원래도 아침, 점심, 저녁 세 끼를 꼬박 챙겨 먹는 건강한 식습관의 소유자다. 그런 그녀가 뱃속에 아기를 키우려니 정말이지 많은 에너지가 필요했나 보다. 정기적인 식사에 더해 중간중간 간식거리를 넣어주자니 하루에 여섯 끼니는 뚝딱이다. 소화가 어찌나 빠른지 먹고 돌아서면 배가 허하고, 뱃속에 든 것이 없으니 금세 또 메스꺼움에 시달린다. 그렇다고 먹는 행위 자체가 편안하냐 하면 그것은 또 아니라, 먹는 것도 먹지 않는 것도 모두 고통스러운 지옥 같은 구간에 돌입했다. 남들은 먹고 싶어도 냄새만 맡아도 역겨워서 배고픔에 시름시름 앓는다던데, 우리 아내는 먹기 싫더라도 속이 메스꺼워서 계속 입에 무언가를 넣어주어야 한다. 새로운 스타일의 고문이 따로 없다.

2023.07.30. 간식도 건강하게

아내는 근 일주일 정도 긴급하게 무언가 입에 넣어줘야 할 때 간편히 꺼내 먹을 수 있도록 쿠키나 과자류를 가방에 챙겨 다녔다. 그러다 문득 생각해 보니 당분을 너무 많이 먹고 있는 게 아니겠는가. 임신 중에는 좋은 것만 보고 좋은 것만 듣고 지내야 한다는데, 혓바닥만 즐겁지 건강에는 하등 좋을 게 없는 과자만 잔뜩 먹어서야 옳지 못하다. 과다한 당분 섭취는 임신성 당뇨로 연결될 수도 있으니, 간식의 건강화를 추구해야 했다.

가볍게 들고 다니며 쏙쏙 꺼내 먹을 수 있는 좋은 간식, 그 첫 주자는 방울토마토와 당근이다. 꼭지를 떼고 깨끗하게 씻은 방울토마토와 감자칼로 질긴 껍질을 벗겨낸 당근을 총총 썰어 준비했다. 다행히도 아내는 채소를 참 좋아한다. 임신 전에도 생 당근을 간식처럼 먹었는데, 생 당근을 간식으로 먹는 사람은 처음 봤다.

남녀노소 가릴 것 없이 모두에게 사랑받는 건강 간식 방울토마토는 임신부에게 특히 좋다고 한다. 자칫 결핍해지기 쉬운 비타민을 충분히 채워줄 수 있고, 임신으로 인한 호르몬 변화로 발생하는 노화나 소화불량, 변비 등의 해소에 효과가 탁월하다고 알려져 있다. 물론 뱃속 아기의 발육 촉진에도 긍정적으로 작용한다.

당근은 솔직히 좀 억울하다. 당근으로 섭취할 수 있는

대표적인 영양소 비타민 A가 태아의 기형을 유발할 수 있다는 '소문' 때문이다. 비타민 A를 과다 섭취할 경우 태아 기형 유발 위험을 높이는 것은 사실이나, 이는 어디까지나 영양제를 보충하여 섭취하였을 경우에 한한다. 영양제가 아니라 일반적인 식사로 당근을 섭취하는 정도로는 아무런 문제가 되지 않는다. 오히려 태아의 기형 위험에 호들갑을 떠느라 비타민 A의 섭취를 제한할 경우 면역 기능이 떨어져 태아의 발육 장애를 일으킬 수 있다는 분석도 있다. 무엇이든 너무 적거나 너무 많으면 다 병이 된다. 적절히 조절하며 섭취해야 한다.

간식 이야기가 나온 김에 커피에 대하여. 아내는 아메리카노며 카페라테며 하루에도 네 잔이고 다섯 잔이고 커피를 벌컥벌컥 마시는 사람이었다. 그런 아내가 아기를 위해 커피를 포기했다. 어제 오랜만에 같이 카페를 갔는데 생전 마시는 걸 본 적도 없던 '사과차'를 주문했다. 애초에 주문하는 사람이 없어서 그런 메뉴가 있는지조차 모르고 있었다. 커피를 너무 좋아한 나머지 집에 에스프레소 머신까지 들인 사람이 커피를 포기한다니. 어머니의 모성애는 참으로 대단하다는 걸 새삼 느꼈다.

흔히 임신 중 커피 복용은 절대 불가하다고 알려져 있다. 그러나 이는 사실과 다르다. 미국 식품의약국(FDA)은 물론 우리나라 식품의약품안전처 역시 임신 중 일일 카페인 섭취량을 300mg 이하로 권장하고 있다. 국내 대부분 프랜차이즈 커피숍에서 판매하는 아메리카노에는 100~200mg 언저리의 카페인이 들어 있으니, 하루 커피 한 잔의 여유를 즐기는 정도는 괜찮다는 뜻이다. 그럼에도 걱정이라면 일반 커피 대비 로스팅 과정에서 97% 이상 카페인을 날려버린 '디카페인' 음료를 마시는 것도 좋은 방법이다.

여담으로, 아내는 요즘 비빔밥을 엄청 먹는다. 이틀 연속 점심 식사로 비빔밥을 먹었단다. 새콤달콤 짭짤한 비빔밥 양념에 아삭한 채소들이 잔뜩 들어가고 달달하니 맛 좋은 쌀밥도 함께하니, 먹덧에 시달리는 요즘 도통 참을 수 없었으리라. 아내는 주말에도 아침 6시에 번쩍 눈을 뜨고는 밀려오는 허기를 참지 못하고 현미 잡곡밥 두 공기에 고추장을 털썩 넣어 먹어 치웠다. 내가 잠든 사이에도 아기 키우기에 여념이 없다.

아내는 그러면서 근래 자꾸 배가 나온다고 불만이

이만저만이 아니다. 배가 많이 나와도 좋으니 먹을 수 있을 때 많이 먹고 행복하게 임신 기간을 보냈으면 좋겠다.

먹으면 자고 싶고, 자고 일어나면 속이 쓰리니 또 먹어야 하고, 먹으면 또 졸린 아내. 임신한 아내는 뱃속의 아기와 함께 또 한 명의 아기가 되어버렸다. 먹고 자고 먹고 자고. 비자발적으로 신생아의 삶을 살고 있는 아내가 참 귀엽다. 아내는 내가 이 글을 쓰고 있는 지금도 생크림 케이크를 먹으며 졸리다 졸리다 소리를 몇 번이고 반복하고 있다.

8주 0일

아기의 첫 심장소리, 내 가슴도 뛰었다

지난 화요일, 7주 3일 초음파 검사를 하고 왔다. 초진에 이어 두 번째 산부인과 방문이었다. 처음 만났을 때는 기껏해야 1.4cm로 콩알보다 작은 아기집만 빼꼼 보였는데, 이번에는 쿵쾅쿵쾅 우렁차게 뛰는 심장 소리도 들을 수 있었다. 알게 모르게 무럭무럭 자라고 있는 우리 아기의 심장 소리를 들으니, 내 가슴도 덩달아 춤을 췄고 금세 눈시울이 붉어졌다.

산부인과에 가는 건 이번으로 두 번째였지만 긴장되는 건 여전했다. 뱃속의 아기가 우리 부부에게 '살아 있음'을 알려주는 심장 소리를 들을 수 있다는 생각에 가슴이 두근거린 것도 있지만, 혹여 심장 소리가 좋지 않으면 어쩌나 하는 괜한 걱정도 마음 한편에 있었다. 설렘과 긴장과 걱정이 한 데 모여 내 어깨를 짓눌렀다.

이런 엄마 아빠의 마음을 알아차렸는지 어쨌는지, 아기의 쌀알보다 작은 심장은 분당 152회를 뛰며 "열심히 크고 있다"라고 우리에게 외쳐주었다. 이 시기 태아의 심박수는 분당 140~160회 언저리다. 이는 성인의 평균 심박수인 분당 60~85회의 두 배가 넘는 수치로, 쌀알의 반쯤 되는 조그만 녀석이 아주 빠르고 세차게 뛰고 있는 셈이다. 세상으로 나오기 위해 박동하는 아기의 심장 소리는 그 어떤 음악보다 감동적이다.

7주 중반에 접어든 아기는 여전히 쑥쑥 잘 크고 있었다. 아기는 드디어 초음파 검사로 크기를 잴 수 있는 정도로 자랐는데, 머리부터 엉덩이까지 크기는 0.99cm였다. 수치상으로 보았을 때는 7주 1일 정도라 했다. 진행 일수보다 이틀 정도 늦었지만 안심해도 될 정도의 오차라고 했다. 0.99cm라니. 문득 감이 잘 오지 않는다면 손톱을 보자. 성인의 평균적인 손톱 너비가 1cm 남짓이니, 지금 이 순간 우리 아기의 크기는 내 손톱 너비보다 조금 작은 정도라는 말이다. 어린 시절 제도나 공작에 쓰기보다 손바닥을 때리는 용도로 널리 사용되었던 30cm 플라스틱 자의 고작 한 칸도 되지 않는 크기다. 이처럼 아주 작디작은 아기의 몸에서 물 한 방울보다 작은 심장이 콩콩콩 열심히 뛰고 있다. 심지어는 이 작은 몸통 덩어리에 훗날 팔과 다리가 될 부분이 삐죽삐죽 솟아나고 있다. 생명의 기적은 정말이지 경탄하지 않을 수가 없다.

여느 엄마 아빠 모두가 기다리는 아기의 심장 소리는 임신 6주 이후부터 들을 수 있다고 한다. 6주부터는 태반과 탯줄이 조금씩 형성되기 시작하고, 뇌와 심장의 80%가 이때쯤부터 만들어지기 시작한다. 슬슬 사시가 하나씩 삐져나오기 시작하고, 살랑살랑 움직이던 꼬리도 없어진다. 이때 태아의 크기는 1cm 남짓하지만 머리와 몸통이 구분되고, 간, 신장, 폐, 창자 등 신체 내부 기관이 하나둘 만들어진다. 출산하기까지 임신 기간 내내 그렇지만, 특히나 이 시기에는 아기의 뇌와 신경, 장기 조직이 형성되는 만큼, 엄마는 엽산을 비롯해 다양한 필수 영양소를 골고루 섭취해야 한다.

지난 검사에서 임신 사실을 공식적으로 확인한 뒤 정

부로부터 받을 수 있는 임신 관련 서비스를 모두 신청했다. 예전 같으면 동사무소나 구청 등 이곳저곳을 돌아다니며 서류를 제출하고 도장을 받고 꽤나 귀찮은 절차를 거쳤어야 했는데, 요즘엔 '정부 24' 홈페이지를 통해 한 번에 해결할 수 있게 됐다. 우리도 산부인과에서 안내해 주는 대로 온라인과 모바일로 뚝딱뚝딱 신청했다.

'정부 24' 홈페이지에 접속해 '맘 편한 임신 원스톱 서비스'를 이용하면 임신 출산 진료비는 물론, 영양제와 각종 필수 의료비 지원 서비스까지 클릭 몇 번으로 간편하게 신청할 수 있다. 중앙 정부의 서비스에 더해, 임신 축하 선물과 임신부 전용 주차증, 산모교실 등 각 지자체에서 자체적으로 실시하는 서비스까지 한눈에 확인할 수 있어 대단히 유용하다.

다만 온라인으로 신청했다고 해서 아예 다 끝나는 것은 아니다. '정부 24'에 임신 사실을 등록하고 각종 서비스를 신청하는 절차는 관할 구청과 보건소 등 관청에 임신 소식을 일괄적으로 전달하는 정도에 그친다. 임신 관련 의료비용에 사용할 수 있는 '국민행복카드'는 희망하는 금융기관에 별도로 신청해야 하고, 카드 수령은 직접 영업점에 방문해야만 한다. 관청에서 지원하는 엽산 등 영양제나 교통수단에서 사용할 수 있는 임신부 표찰 역시 관할 보건소에 직접 방문해서 하나하나 수령해야 한다. 신청 단계부터 돌아다닐 것 없이 온라인으로 간단하게 처리할 수 있다는 점은 아주 칭찬해 마땅하나, 그럼에도 여전히 일일이 방문 절차가 필요하다는 사실은 내심 서운하다.

 아내는 아침부터 저녁까지 풀타임으로 근무하고 있는데, 있는 시간 없는 시간 다 쪼개서 여기저기 돌아야 했다. 그나마 근무 시간 사이사이에 짬을 낼 수 있는 업종이라 망정이지, 그렇지 않고 온종일 회사 책상에 앉아 있어야만 하는 엄마들은 어쩌란 말인가. 저출산으로 나라가 사라지네 어쩌네 호들갑을 떨고 있는 반면, 저출산 문제 해결의 키를 쥐고 있는 워킹맘들에 대한 배려가 이 정도라는 사실은 참으로 애석하다.

 병원에 다녀올 때마다 초음파 사진을 하나씩 받아 온다. 집에 아기 사진이 점점 늘고 있다. 천 원 마트에서 산 '손 코팅지'로 살금살금 잘 붙여서 보관하고 있다. 영 실력이 좋지 않아 코팅지가 우글우글 울기도 하고, 올록볼록 공기가 잘 빠지지 않아 멋지게 마무리 되지는 않는다. 그래도 행복하다. 아내와 나의 멋진 순간이 담긴 웨딩 앨범 앞이 우리 아기의 지정석. 엄마 아빠 사이에 놓인 아기까지 우리 세 가족의 작은 갤러리가 만들어지고 있다.

점점 늘어나는 아기 사진처럼 아내의 아랫배 역시 점점 부풀고 있다. 나날이 자라는 아기와 아내의 아랫배만큼 나의 책임감도 점점 커지고 있다. 무슨 일이 있어도 내 아내와 아기는 꼭 지켜내리라. 아빠로서 남편으로서 할 수 있는 모든 일과 책임을 다하고 사랑으로 열심히 키워 나가야겠다.

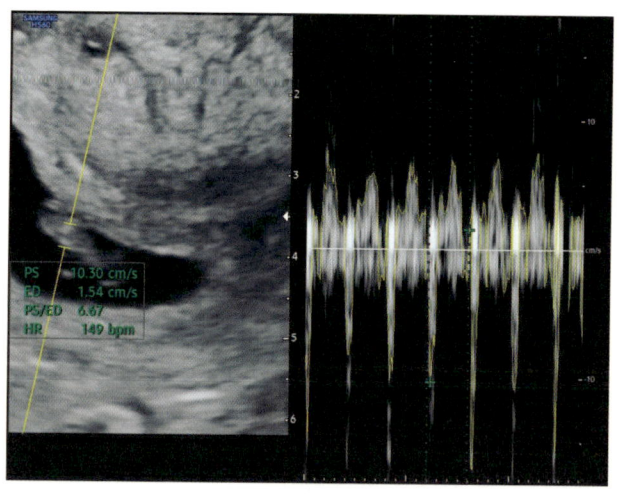

2023.08.01. 두근두근 세찬 박동

미리 알았으면 좋았을 것들

견디기 어려운 입덧, 어떻게 극복할까?

입덧은 임신 초기의 대표적인 증상으로 대부분의 임신부들이 겪는 아주 흔한 증상이에요. 그렇다고 다들 겪는 일이니 마냥 별 것 아닌 듯 넘어가기에는 꽤나 힘든 과정입니다.

입덧에 시달리는 임신부는 한 번에 많은 양의 음식을 먹지 못해요. 긴박한 허기에도 밥을 몇 술 뜨다가 곧장 화장실로 달려가는 게 일이거든요. 그럴 때는 아내가 조금씩 자주 허기를 달랠 수 있도록 한 입에 쏙 들어가는 간식과 레몬, 귤, 딸기, 키위 등 새콤달콤 맛 좋은 과일을 풍성하게 준비해 두면 아주 도움이 됩니다.

선배 임신부들이 두고두고 찬양하는 '크래커'를 미리 잔뜩 구매해서 준비해 두는 것도 좋은 방법이에요.

입덧이 심할 때는 미지근한 음식은 먹기 힘들어요. 되도록이면 따뜻한 음식은 따뜻하게, 찬 음식은 차게 먹도록 해요. 다만 때에 따라 다르지만 따뜻한 음식은 냄새가 강해서 오히려 독이 될 수 있으니, 시원한 음식을 주로 먹어주면 좋아요. 대신 꼭 배탈이 나지 않도록 주의해요. 임신 중에는 지사제를 절대 먹을 수 없으니까요.

미리 알았으면 좋았을 것들

초보 부모를 위한 정부 지원

정부는 임신 출산 육아가 삶의 행복이 될 수 있도록 다양한 지원을 하고 있어요. 특히 2024년에는 양육, 돌봄-교육, 건강, 일과 육아의 병립, 주거 등 주요 5대 분야의 지원을 확대하기로 해, 선뜻 부모의 길에 나서지 못하는 부부의 부담을 획기적으로 줄였어요.

대표적으로 매 달 현금으로 지원하는 부모 급여가 100만 원으로 늘었고, 출생 직후 자유롭게 사용할 수 있는 '첫만남이용권'의 금액도 첫째 200만 원, 둘째 이상 300만 원으로 확대되었어요. 부모 육아휴직 추가 기간 역시 3+3개월 총 6개월에서 6+6개월 총 12개월로 늘었고, 주택 구입 및 전세자금 대출 등 주거 안정을 위한 지원도 탄탄하게 갖추었어요.

중앙정부의 지원 외에도 거주하는 시군구 단위의 지원도 다양한데, 좁게는 영양제, 육아도서, 육아용품 무상 제공과 같은 물품 지원부터, 넓게는 부모육아교육, 모유수유방문교육, 아기와 함께하는 마사지 교실 등 체험형 지원까지 제공해요.

다만 체험형 지원은 대부분 평일 낮 시간에 이루어지기 때문에, 워킹맘-워킹대디를 위한 배려가 좀 더 필요해요.

둘

아직은 어색한

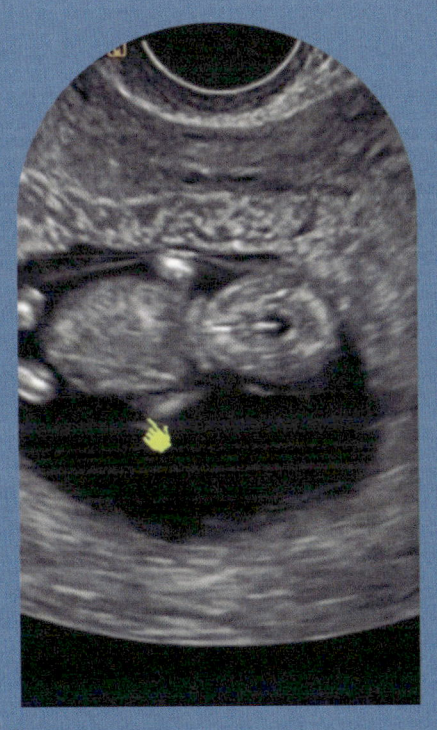

남편이 쓰는 임신수첩
김호진 에세이

8주 4일

문질문질 손끝에 사랑을 담아요

임신 8주에 접어들자 아내의 몸이 본격적으로 변화하기 시작했다. 먼저 가슴이 부풀고 단단해졌다. 이는 아내 스스로도 매일 느낄 정도로 하루가 다르게 변화 속도가 부쩍 빠르다. 가슴이 부푸는 만큼 감각 역시 대단히 민감해졌고 미세한 통증도 동반한다고 한다. 임신부의 가슴이 부푸는 이유는 당연하게도 '모유 수유'를 준비하기 위함이다. 앞서 언급한 바와 같이 임신 중에는 대표적인 여성 호르몬인 에스트로겐을 비롯하여 프로게스테론과 프로락틴 등 온갖 호르몬 수치가 급격히 변화하는데, 이에 따라 유방 내부를 촘촘히 채우고 있는 혈관이 확장되고 혈류 또한 증가하여 가슴이 커지게 된다.

다음으로 엉덩이와 허벅지에 살금살금 살이 붙기 시작했다. 가끔씩 문득 우리 아내가 통통하니 귀여워졌다고 느낀다. 임신 중 여성은 자기도 모르는 사이에 복부와 엉덩이, 허벅지 등 살이 찌기 쉬운 부위에 지방을 축적한다. 어느 날 갑자기 돌아보니 살이 쪄 있는 일이 태반이다. 태아를 보호하기 위함이라고 하는데, 아무리 아기를 잘 지키기 위해 살을 찌웠다 해도, 단기간에 확 몰려버린 각 부위의 지방은 출산 이후에도 남아 있어 산후 다이어트를 힘들게 한다.

아내는 일련의 신체 변화에 고민이 깊다. 매일 저녁 샤워를 마치고는 쪼르르 내 곁으로 와 "나 살쪘어?"를 묻는 아내. 나는 그런 아내를 보며 귀여워 죽겠다고 생각한다. 토실토실 귀엽게 살이 오르고 있는 모습을 보니, 내가 잘 먹이고 잘 보살펴서 그런가 하는 우쭐하는 마음이 들기도 한다. 체형 변화에 꿍해 있는 모습이 참으로 앙증맞다. 내 귀여운 아내. 살이 쪄도 빠져도 늘 예쁘다 예쁘다 칭찬해 줘야지. 이 글을 읽고 있는 당신이 누구인지는 모르겠지만, 만약 임신한 아내를 둔 남편이라면 지금 당장 아내에게로 가 예쁘다고 칭찬해 보시라. 임신한 모습도 예쁘다, 살이 찌든 말든 똑같이 예쁘다. 가뜩이나 임신에 불어나는 체중에 스트레스가 이만저만이 아닐 아내를 위한 마법의 문장이다. 모두가 알다시피 칭찬 앞에는 장사가 없다.

임신 중 급격한 체형의 변화는 필연적으로 '튼살'을 동반하다. 어려운 말로 '팽창선조'라고 불리는 튼살은 임신 중은 물론 출산 후까지 모든 여성의 '공공의 적'으로 분류되는 아주 악질적이고 나쁜 놈이다. 이런 천인공노할 나쁜 놈이지만 튼살은 전체 임신부의 70%에서 많게는 90%까지 경험하는 대단히 흔한 증상이다. 많은 사람이 공통적으로 겪는 아픔이기에 명확하게 나쁜 놈으로 분류된 게 아닐까 싶기도 하다. 튼살의 대부분은 가슴 주변이나 배 둘레, 엉덩이 옆쪽에 발생한다. 가늘고 긴 분홍색 선으로 시작해 시간이 지나 배가 더 커짐에 따라 차차 넓고 길고 짙게 변화한다. 호르몬 변화로 인한 콜라겐 섬유 손상이나 수분 부족, 비타민 부족이 대표적인 원인으로 꼽힌다. 안타깝게도 튼살을 방지하는 명확한 방법은 아직 없으며 '튼살 크림'이라는 이름으로 시판되는 바디로션들도 역시 약간의 희망이 담긴 상술에 불과하다.

그럼에도 나는 아내의 살이 토실토실 오르는 지금 이 시기에 맞춰 튼살 크림을 구매했다. 사실 튼살 크림이 아주 훌륭한 효과를 보일 것이라고는 애초부터 생각하지 않았다. 보습 성분이 전부인 튼살 크림만으로는 살이 트는 원인인 진피층의 손상을 완전히 막을 수 없기 때문이다. 튼살은 미연에 방지할 수 있는 녀석이 아니며 생긴 이후에서야 비로소 피부과에서 레이저나 연고 치료를 받아 근원적으로 해결할 수 있다. 그래도 임신 중에 건조하기 쉬운 피부에 촉촉한 수분을 보충해 주는 것만으로도 일정 부분 바디로션으로써의 기능은 수행하고 있다고 할 수 있다.

하지만 효과가 있고 없고 그런 게 뭐 그리 중요하겠는가. 매일 저녁 아내의 부푼 배에 보드라운 크림을 듬뿍 문질문질 바르는 행위 자체가 의미를 갖는 게 아닐까. 깨끗하게 씻고 나온 아내를 침대에 눕히고 이곳저곳 정성스럽게 크림을 발라준다. 그러면서 어차피 들리지 않을 것을 알면서도, 뱃속의 아기에게 "오늘 하루 잘 지냈느냐" 넌지시 인사를 건네기도 한다. 튼살이 생기든 말든 부부 둘 사이의 사랑 가득한 시간을 보내고 있다는 게 중요하다. 하루 종일 아기 키우랴 돈 벌어오랴 고생했을 아내의 온몸을 쓰다듬으면서 도란도란 나누는 이야기가 하나둘 쌓이다 보면, 어쩌면 언젠가 생길지도 모를 튼살이 밉기는커 녕 사랑의 흔적으로 보이지 않을까. 아내는 이 대목에서 "절대 동의할 수 없다"라고 말했지만 내 생각은 그렇다.

그럼에도 불구하고 아내는 몸의 변화를 받아들이고 싶지 않은 것 같다. 워낙 운동을 좋아하는 사람이었던지 라, 임신 후에도 이것저것 하고픈 운동이 많은 듯하다. 임 신 초기에는 가만히 누워만 지내야 한다는 조언에 벌써부

2023.08.09. 튼살, 멈춰!

터 좀이 쑤시는지 자꾸만 몸을 움직이고 싶어 한다. 이런 아내의 의욕 넘치는 행보로 인해 여름휴가 내내 수영장에서 물살을 가른 이야기나, 저녁 먹고 한 시간 반씩 산책을 다니는 이야기, 배드민턴이 치고 싶다며 라켓이며 셔틀콕이며 마련한 이야기는 다음 글에서 한 번에 몰아 풀겠다.

자, 오늘도 튼살 크림을 바르러 가자!

9주 0일

임신 중 다이어트? 휴식보다 중요한 운동!

　임신부와 산모 모두가 공유하는 최대의 고민은 바로 '산후 비만'이다. 앞서 지적한 바와 같이 안전한 임신 유지와 더불어 아기를 보호하기 위해 일정 부분 살이 찌는 것은 아주 자연스러운 현상이다. 그러나 출산을 경험한 우리나라 여성 중 90% 가까이가 출산 이후에도 산후 비만을 겪고 있다는 통계가 있는 만큼 '당연한 일'로 치부하며 쉽사리 넘어갈 일만은 아니다.

　생각해 보면 임신 중 엄마의 뱃속에는 태아와 태반, 양수가 자리하고 있으니 그에 상응하는 만큼 몸무게가 증가하는 게 당연하다. 또한 자궁과 유선이 불어나고 몸속을 채우는 혈액의 양도 늘어나기 때문에 체중 증가는 피할 수 없는 일이다. 따라서 국립과학원은 임신 중 11~15kg 내외의 체중 증가를 적정하다고 본다. 다만 임신에 따라 자연스럽게 발생하는 신체의 변화를 제외하고 엄마의 몸 자체에 지방이 축적되는 건 2~3kg 내외로 조절해야 한다. 단순히 계산해 임신 초기를 제외하고 본격적으로 살이 차오르는 임신 중기 이후 매달 2kg 수준으로 체중 증가를 억제해야 한다는 뜻이다.

아기를 열 달이나 품고 있는 것도 힘든 마당에 체중 조절까지 해야 한다니 참으로 억울한 일이 아닐 수 없다. 그러나 임신 중 과도하게 비만할 경우 체지방이 지나치게 축적되어 호르몬의 균형을 깨뜨리게 되고 이는 결국 합병증으로 연결되는 문을 연다. 또한 임신 중 엄마가 비만할 경우 뱃속의 아기에게까지 '비만 체질'이 대물림되는 경향이 있으며, 비만 산모는 정상체중 산모에 비해 유산을 경험할 확률이 3배 가까이 높아진다. 따라서 임신 기간 내내 적정한 선에서 체중을 조절하는 것이 바람직하다. 물론 몸무게 자체에 너무 집착한 나머지 격렬하게 운동을 하거나 과하게 스트레스를 받는 건 더더욱 안 좋다.

임신 8주. 아내의 몸무게는 벌써 3kg 증가했다. 뱃속에서 아기를 쑥쑥 키우는 과정은 굉장한 체력 소모를 동반하기 때문에 하루 일과를 마친 뒤 할 수 있는 일이라고는 누워서 쉬는 게 전부인 신세다. 이 시기 임신부는 움직이고 운동하고 싶어도 호르몬의 방해로 인해 아무것도 할 수 없다. 그저 누워 지내는 게 최선이다. 먹고 눕고 자는 매일을 보내다 보면 이곳저곳 군살이 붙고 몸이 무거워지는 게 당연한 이치다. 마치 아무것도 하지 않고 먹고 누워 자는 게 일상인 신생아가 연일 쑥쑥 자라는 것과 같다.

항상 날씬한 몸매를 유지하고 자랑으로 여겨온 아내가 토실토실 살이 오르니, 내가 보기에는 참으로 귀여워 죽겠는데, 본인은 전혀 아니란다. 본격적으로 체중이 늘어나는 임신 중기에 접어들기 전까지는 어떻게든 평상시의 체중과 체형을 유지하며 임신 기간을 극복하고 싶다고 했다. 그래서 아내는 매일은 불가능하더라도, 지친 몸을 이끌고 다양한 운동을 하려고 노력하고 있다.

그런 김에 올해 여름휴가는 비교적 짧게 '호캉스'로 대체했다. 예상보다 일찍 임신을 한 터라 어디 멀리 이동하려 해도 몸이 버텨줄지 판단이 서지 않기도 했고, 비행기를 타고 해외를 나가기에는 휴가 기간이 짧았다. 아내도 체력적으로 힘든 상황이라 호텔에서 머무르며 수영이

나 하고 싶은 마음이었다. 그리하여 우리는 호텔에서 지내는 2박 3일 내내 수영장에 틀어박혀 수영만 잔뜩 하고 왔다. 원래부터 물놀이를 좋아하는 아내는 어린 시절 '머메이드 클래스'까지 올라갔을 정도로 물개 중의 물개다. 이런 아내와 더 재미있는 시간을 보내고 싶어 '맥주병' 그 자체였던 내가 수영 강습을 다녔을 정도다. 아내는 임신 후 몸이 무거워졌음에도 불구하고 수영장을 몇 바퀴고 쉴 새 없이 빙빙 돌았다. 마치 슬쩍슬쩍 붙은 군살을 떨쳐내기라도 할 듯 뜨거운 열정으로 수영장을 불태웠다. 이런 아내를 따라다니기에 내 숨과 근력이 모자랐다.

수영은 임신부가 할 수 있는 운동 중에서도 손에 꼽을 정도로 좋은 종목이다. 수영은 일단 물속에서 진행하기 때문에 허리와 다리에 무리가 가지 않고 엄마와 아기 모두에게 편안함을 준다. 부력에 몸을 맡기고 물속에서 이리저리 온몸을 자유롭게 움직이는 과정에서 부담 없이 체력을 키우고 운동 효과를 볼 수 있다. 임신 초기부터 시작해 만삭 직전까지 꾸준히 할 수 있는 몇 안 되는 운동이기도 하다. 다만 임신 증상이 모든 임신부에 따라 다른 것과 같이 운동의 강도 역시 사람마다 느끼는 바가 다르기 때문에 특히 임신 후 수영을 처음 접하는 엄마라면 사전에 의사와의 충분한 상담은 필수다.

임신 사실을 처음 확인받았던 산부인과 초진 날 담당 의사가 말하길 "하던 운동을 그대로 계속하는 게 제일 좋다"라고 했다. "마라톤 선수는 임신 후에도 마라톤을 계속 뛴다"라며 운동의 종류나 강도가 중요한 게 아니라 평소에 얼마만큼 몸이 익숙해 있는지, 얼마만큼 잘 수행할 수 있는지가 중요하다고 했다. 기존에 하던 운동의 양과 강도가 100이라면 80 정도로 하면 딱 좋다. 임신했다고 너무 누워만 있거나 살금살금 다니면, 그게 오히려 운동 부족으로 이어지고 아기한테 좋지 않다. 아기도 중요하지만 임신부 본인의 건강관리도 중요하다.

그래서 우리 부부는 틈틈이 산책을 나간다. 대충 15~30분 동네를 한 바퀴 돌고 오는 수준이 아니니 산책이라 불러도 될지는 모르겠다만, 집 근처에 있는 쇼핑몰을 찍고 오는 게 일이 됐다. 대략 집에서 대형 종합 쇼핑몰까지 걸어서 20분이면 닿는데, 급격히 졸음이 쏟아지는 날이 아니라면, 걸어서 왕복 40분 코스에 쇼핑몰 구경 시간까지 포함해 대략 1시간 30분 정도 걷고 오는 편이다. 임신하면 가만히 누워 지내야 한다는 통념과는 달리 가벼운 외출이나 쇼핑은 오히려 임신부와 아기 모두에게 아주 좋다. 오래 서 있거나 장시간 흔들리는 대중교통을 이용하는 것이 아니라면 '걷기 운동'만큼 좋은 게 또 없다.

세상 모든 부부에게 눈도 즐겁고 기분도 좋아지는 쇼핑몰 산책을 적극 추천하고 싶다. 날씨 영향도 많이 받지 않고 쾌적한 공간에서 무리 없이 돌아다닐 수 있으며, 언제든 앉아 쉴 수 있는 카페도 많으니 일석이조다.

임신 전에도 곧잘 걸어 다녔던 아내는 뱃속의 아기를 키우면서도 여전히 씩씩하게 잘 걷는다. 그래도 임신으로 인한 신체 변화 때문에 한 번에 오랫동안 걷는 건 어렵고 중간중간 쉬어주기는 해야 한다. 그리고 이건 모든 임신부의 공통 요소일 텐데, 임신을 하면 화장실을 진짜 자주 간다. 방금 갔다 왔는데 거짓말처럼 또 가야 하는 상황이 비일비재 발생한다. 그러니 깨끗하고 안전한 화장실을 언제든 이용할 수 있는 쇼핑몰, 백화점, 마트 산책이 최고로 좋다.

한편으로 연애 시절부터 꾸준히 웨이트 트레이닝을 해 온 아내는 요즘 들어 다시 헬스장을 다녀야 할지 고민하고 있다. 나날이 몸이 무거워지는 걸 실감하다 보니 꾸준한 근력 운동의 중요성을 새삼 다시 깨달은 것 같다. 흔히 임신 중 웨이트 트레이닝은 금물이라고 알려져 있는데, 이는 전혀 틀리다. 오히려 임신을 계획하는 단계부터 임신 중 그리고 출산 후까지 임신 과정 전반에 걸쳐 꾸준한 웨이트 트레이닝은 필수라 할 수 있다. 임신 중에는 운동이 부족해 근육 손실이 발생하기 쉽고 이로 인해 출산 후 병약해지는 사례가 수두룩하다. 그러니 임신 초기를 지나 안정기에 접어든 이후부터는 원래 하던 대로, 처음이라면 아주 약한 단계부터 천천히 강도를 올려가며 꾸준히 운동하기를 권장한다. 다만 강한 복압을 요구하는 과도한 고중량 운동이나 쪼그리는 등 위험한 자세를 동반하는 훈련은 지양해야 한다.

남편도 마찬가지로 운동을 해야 한다. 임신 출산 육아 선배들의 후기를 살펴보니 하나같이 '육아는 체력전'이라고 호소한다. 선배들의 절절한 외침에 귀 기울여야 한다. 아내가 아무리 운동을 열심히 한들 출산 후에는 체력이 제로에 가깝게 재설정 되다 보니, 몸을 쓰는 행위는 온전히 남편의 몫이 된다. 물건을 들고 나르는 당연한 일부터 뚜껑을 따고 문고리를 돌리고 타자를 치는 간단한 행동도, 아기를 들고 뒤집고 씻기고 돌보는 다양한 도전과제까지 모두 남편이 해야 한다. 아무리 잘 먹고 잘 자더라도 기초 체력이 따라주지 않으면 아내와 아기를 보살필 수 없다. 처자식을 돌보지 않는 남자는 진정한 사내가 될 수 없다는 영화 《대부》의 명대사처럼, 시대가 지났다 한들 가족을 지탱하고 보살피는 남편의 역할이 중요하다는 사실은 변하지 않는다.

    그런 고로 잠시 쉬었던 운동을 재개할 때가 됐다. "유부남은 어차피 살이 찐다"라는 지극히 당연한 핑계를 들어 운동과 담을 쌓고 지낸 지가 벌써 얼마간 흘렀을까. 아내와 아기를 돌보기에 앞서 나의 체력은 충분한가 스스로에게 물었다. 답은 '아니다'. 그렇다면 아기를 들고 다니기 위해 일단 팔 운동부터 먼저 해야 할까. 오늘도 여전히 운동을 실천에 옮지 않은 채 고민만 깊어진다.

미리 알았으면 좋았을 것들

튼살, 끝까지 방심할 수 없는 녀석

튼살의 대부분은 복부와 가슴에 생겨요. 임신부의 체질과 체형에 따라 모두 다르지만, 대략 임신 5개월쯤부터 생기기 시작해 7개월쯤에 가장 두드러진다고 해요. 아내는 임신 기간 내내 아무런 티가 나지 않다가 출산 이후 배가 쪼그라들면서 갑자기 빨갛게 올라오더니 튼살이 생겼어요. 아기를 낳았다고 방심했다가 아주 큰 코 다쳤어요. 그러니 출산 이후에도 꾸준하게 관리해 주는 게 중요해요.

아쉽게도 튼살을 아예 막는 방법은 없다고 해요. 대신 최소화할 수 있는 방법은 얼마든지 있는데, 피부에 수분 공급을 충분히 해주고 아로마 오일, 로션 등을 이용해 꼼꼼히 마사지 해주는 게 대표적이에요. 특히 남편이 해주는 마사지는, 튼살을 예방하는 동시에 매일 밤 아내의 배를 만지며 교감하고 사랑을 키워갈 수 있으니 일석이조겠죠.

출산 이후 튼살이 너무 심하다면 피부 재생에 효과가 있는 연고를 꾸준히 바르거나, 피부과에서 레이저 치료를 받는 게 가장 좋다고 해요. 각자 살성이 다르니 피부과에서 세밀하게 진찰을 받고 자기 몸에 꼭 맞게 케어해주세요.

미리 알았으면 좋았을 것들

임신하면 얼마나 살이 찌고, 언제 다 빠지나?

임신 중에 체중이 느는 건 아주 당연한 현상이지만, 살이 너무 급격하게 찌는 건 경계해야 해요. 임신 중기부터 출산 시까지 한 달에 2kg씩 몸무게가 느는 게 정상이라 해요. 보통 체격의 엄마라면 출산 직전까지 평소 몸무게에서 10~15kg 정도 늘면 딱 좋아요.

임신 중에 늘어난 체중은 출산 이후 대부분 돌아와요. 출산 직후에 아기와 양수, 태반, 혈액 등이 빠져나가 몸무게가 확 떨어지고, 이후 약 한 달간 총 10kg 전후로 몸무게가 줄어들어요. 그래서 우스갯소리로 10kg을 초과해 찐 살은 "다 내 것이 된다"라고 하나 봐요.

임신 중에는 체중 감량보다는 '너무 찌지 않기 위한' 운동을 하는 게 좋아요. 걷기, 수영, 요가, 필라테스 등 온몸을 활용하는 운동을 가볍게 꾸준히 하기를 추천해요.

아기를 낳고 6개월 후에 측정했을 때 임신 전 대비 3kg 정도 몸무게가 늘어 있는 게 정상이라고 하니, 아기와 엄마 모두의 건강을 위해 적정 체중을 잘 유지하며 건강하게 임신 기간을 보내도록 해요. 물론 남편도 함께하면 더욱 좋겠죠!

9주 4일

입맛도 유전이 되나요?

어느 날 아내가 문득 "입맛도 유전이 되나?"라고 물었다. 왜 그러느냐 되물으니 "임신을 하고 입맛이 완전히 바뀌었다"라고 설명했다. 음, 확실히 그렇긴 하다. 아내는 연애하는 3년 내내 입에 달고 살았던 커피를 마시지 않게 되었고, 식사 시간에 맞춰 몇 캔이고 마셔대던 사이다도 당기지 않는다고 했다. 원래도 사람 입맛이라는 게, 처한 상황이나 건강 상태, 습관 등 다양한 요소에 따라 달라지는 법이다만, 임신을 전후로 하여 입맛이 완전히 바뀌어 버리니 특이한 경험이기는 하다.

그 밖에도 간단하게 한 끼 때우는 '간장계란밥'이나

쌀밥에 고추장을 털썩 넣어 조미김과 쓱싹 먹어치우는 게 일상이 되었고, 비빔밥이며 햄버거, 누룽지같이 자주 먹지 않았던 메뉴가 자꾸만 당긴다고 한다. 짭짤하고 고소한 음식이 자꾸만 먹고 싶은 걸까. 아내에게 있어 재빨리 먹을 수 있는 간편식은 '시판 소스로 만든 스파게티' 정도였는데, 아무래도 나의 '아저씨 입맛'이 전달된 것 같다.

아내의 상황을 곰곰이 따져 보니 참으로 그럴싸했다. 어느 날 갑자기 뱃속에 별개의 삶이 찾아왔으니, 아내의 평소 식성과는 상관없이, 뱃속의 앙증맞은 이 녀석의 입맛이라는 게 따로 생겼을 게 아닌가. 태아도 어른과 똑같은 인간이라 하면 엄마의 식성이 따로 있고 아기의 식성이 따로 있을 터. 가뜩이나 뱃속의 작은 친구에게는 아내의 유전자가 절반 나의 유전자가 절반 들어가 있으니, 어쩌면 나의 입맛까지도 옮겨간 게 아닐까. 참으로 우스운 결론에 다다른다.

임신 중 엄마의 식성이 바뀌는 것은 아주 자연스러운 현상이다. 호르몬 구성이 급격히 달라짐에 따라 엄마의 몸 곳곳에서는 다양한 변화가 발생하는데, 대표적으로 잘 먹어왔던 음식도 괜히 냄새가 신경 쓰여 먹지 못하고, 무엇이든 입에 넣기만 해도 메스꺼워지는 입덧이 발생한다.

입덧의 고통에 몸부림치는 탓에, 속이 울렁거리지 않도록 가능한 덜 자극적인 음식을 찾게 되고, 소화가 잘 되는 탄산음료나, 속에 부담스럽지 않은 음식을 자연스럽게 찾게 된다. 때문에 평소에 좋아하던 음식을 멀리하게 되거나, 반대로 아예 먹을 생각조차 하지 않았던 음식이 괜히 눈에 들어오게 되는 것이다. 당장 내가 힘들어 죽겠는데 이놈 저놈 따질 게 무엇 있겠나. 그저 뱃속 편한 음식을 찾을 뿐이다.

대충 머리로는 이해했지만 아무래도 참 흥미로운 현상이기에 인터넷에 유사한 사례가 있는지 찾아보았다. 포털 사이트나 블로그, 카페 게시글 등을 보니 "임신 후 남편의 입맛과 닮아간다"라는 글을 심심치 않게 볼 수 있었다.

평소에 삼겹살을 먹지도 않던 사람이 임신을 하더니 기름이 줄줄 흐르는 삼겹살만 먹고살게 된다거나, 국물 요리는 거들떠보지도 않았는데 임신하고는 꿀꺽꿀꺽 넘어가는 국물 요리가 하염없이 당긴다거나 하는 증언이 이어졌다. 재미있는 점은 임신 후 남편 입맛을 따라가게 됐다고 간증하는 모두가, 출산 이후 본래 식성으로 돌아왔다고 말한다는 것이다. 역시 임신 중 엄마의 입덧은 뱃속 아기가 뿜어내는 '아빠의 유전자'에 달린 것일까.

아내의 임신 과정을 옆에서 보고 있자니 작은 변화 하나하나가 모두 재미나고 신기하다. 아내나 나나 처음 가는 길이다 보니, 모든 단계가 조심스럽기도 하고 자잘하게 살펴보고 공부해야 할 것이 산더미다. 그러다 돌이켜봤을 때 별것도 아닌 일에 온갖 의미를 부여하게 되고, 시답잖은 일로 아내와 나 둘이 낄낄거리며 대화를 나누게 된다. 뱃속의 아기가 가져다준 즐거운 보너스 게임이다.

2023.08.16. 아내가 좋아하는 비빔밥

10주 2일

꼬물꼬물 손가락이 생겼어요

2주 만에 아기와 만나고 왔다. 이제는 산부인과에 가는 게 제법 익숙해졌다. 회사에서도 '애 아빠'를 배려해 줘서, 정기 검진이 있는 날이면 30분 일찍 퇴근하게 해 준다. 역시 아기 하나를 키우려거든 마을 하나가 필요하다는 말처럼, 주변에서 도와주는 사람과 조직이 있어야 기운도 난다.

아기는 2주 사이에 2.85cm로 자라 있었다. 1cm도 되지 않았던 녀석이 어느 틈에 이렇게 빨리 자랐는지 신기할 따름이다. 발육 상태가 이틀 정도 늦었던 탓에 출산 예정일도 뒤로 밀렸었는데 다시 제자리를 찾았다. 초음파 장비로 보며 머리부터 엉덩이까지 길이를 재니 딱 주수에 맞게 잘 크고 있었다. 하루 이틀 엎치락뒤치락 하며 열심히 자라고 있는 우리 아기, 참 사랑스럽다.

이번 초음파 검사에서는 팔도 다리도 선명하게 잘 보였다. 심지어는 팔 끝에 훗날 손가락이 될 물갈퀴도 뚜렷하게 갈라져 보였다. 초음파 검진기에 따라서 갈퀴를 휘적휘적 움직이기도 하고 다리도 삐죽삐죽 움직였다. 심장도 알차게 뛰고 있고 뇌도 쑥쑥 자라 분화하고 있었다. 2주 사이에 어쩜 이렇게 잘 자랐나 싶어 가슴이 뭉클했다. 보통 어른 손가락 한 마디가 3cm 내외인데, 이 손가락 한 마디 사이에 머리도 달려 있고 팔도 있고 다리도 있고, 인간의 형체가 되기 위해 아등바등 노력하는 우리 아기가 있다니. 놀라울 따름이다.

사실 딱 9주가 되는 날에 아내 혼자 초음파 검사를 보고 왔다. 뱃속의 아기가 궁금해 견딜 수 없는 극성 어머니라서 그런 것은 아니다. 8주 막바지쯤부터 급격히 배탈이 나고 복통이 심해 혹시나 아기에게 문제가 있는 건 아닌지 걱정하고 있기에, 어서 다녀오라 했다. 매번 병원에 갈 때마다 꼭 함께 가겠다고 다짐했으나 점심시간에 훌쩍 병원에 다녀오는 것까지는 부득이 따라가지 못했다. 스스로에게 마이너스 1점이다.

다행히도 아내의 증상은 큰일이 아니었고, 아기에게나 엄마에게나 별달리 영향을 줄만한 일은 아니었다. 임신 초기 입덧에 걸쳐서 설사 증상을 겪는 사례가 종종 있는데 이 또한 '호르몬의 변화'에 따른 것이라고 했다. 임신 중 요동치는 호르몬 변화는 온갖 지점에서 아내를 힘들게 한다. 호르몬은 진짜 나쁜 놈이다. 변화하는 모양새가 눈에 보이기라도 하면 빤히 보며 적절히 대처하기라도 할 텐데, 몸속에서 알게 모르게 이리저리 바뀌며 몸의 주인을 힘들게 한다. 참 악질이다. 그래도 별 문제 없었으니 다행이다.

다만 안타깝게도 임신 중에는 지사제를 비롯한 배탈 관련 약을 복용할 수가 없단다. 그럼 어떻게 하느냐고? 그저 얼른 낫기를 바라며 하루 종일 물만 먹고 견뎌야 한다. 심각한 배탈을 겪어본 사람을 알겠지만 빨리 약이라도 먹고 증상을 가라앉히고 싶은 욕망이 샘솟는, 정말이지 죽음의 문턱을 오락가락하며 진이 빠지는 일이다. 그럼에도 약 하나 제대로 먹지 못하고 물만 마시며 견뎌내는 우리 아내가 대단하다.

아내의 몸은 겉으로 보아 지난주에 비해 크게 변화하지 않았다. 가슴과 아랫배는 여전히 묵직했고, 이유를 알 수 없는 오른쪽 엉덩이 통증도 여전히 그대로 있었다. 임신을 했다고 갑자기 가슴과 배가 불쑥 나오는 건 아닌가 보다. 서서히 바뀌기 때문에 매일의 변화에 눈치채지 못하는 탓도 있지 싶다.

다만 배탈에 더해 먹는 일이 문제가 됐다. 입덧을 지나며 음식 섭취에 변화를 감지한 지 대략 3주 정도 지났는데, 슬슬 입덧의 절정에 다다라서 그런지 이제는 아예 입맛이 없다고 한다. 마치 집안이 동남아가 된 것처럼 온갖 과일을 종류별로 사다 먹고, 비빔밥, 햄버거, 간장계란밥에 의존하여 체중을 불리던 아내인데 "먹고 싶은 음식이 떠오르지도 않는다"라며 좀처럼 밥숟가락을 들지 못한다.

도통 무엇을 먹어야 입맛이 싹 돌지 가늠이 되지 않는다. 기껏 한 끼 먹겠다고 자리에 앉아도 반 공기도 못 먹고 뱃속이 불편해진다. 시도 때도 없이 토하러 화장실을 들락거리고 먹기만 하면 체하고 그런 입덧의 전형적인 증상이 없는 것만으로도 감사해야 하지만, 음식을 먹고 싶다는 생각이 들지 않고 먹어도 먹는 게 아닌 지금의 상황도 나름 큰 고통이다. 왜냐하면 아내는 특히 빈속에 메스꺼움을 느끼는 성향인데, 저녁밥을 적게 먹으니 금방 또 소화가 되어 잠들 즘부터 새벽에 걸쳐 입덧 증상이 나타나기 때문이다. 어제는 새벽 2시 반쯤 화장실을 가고 싶어 눈을 떴다가 빈속에 메스꺼움이 너무 심해서 허겁지겁 맨밥을 몇 숟가락 먹었다고 한다. 나는 매일 밤마다 이렇게 고생하는 아내를 두고, 도와주기는커녕 세상모르고 꿀잠을 자고 있었다. 한심한 남편이다. 힘들면 나를 흔들어 깨우고 칭얼대거나 푸념을 할 만도 한데, 아내는 그저 혼자 묵묵히 이겨낸다. 고통을 이겨내며 엄마의 길로 나아가고 있을 아내를 생각하면 이따금 눈물이 핑 돈다.

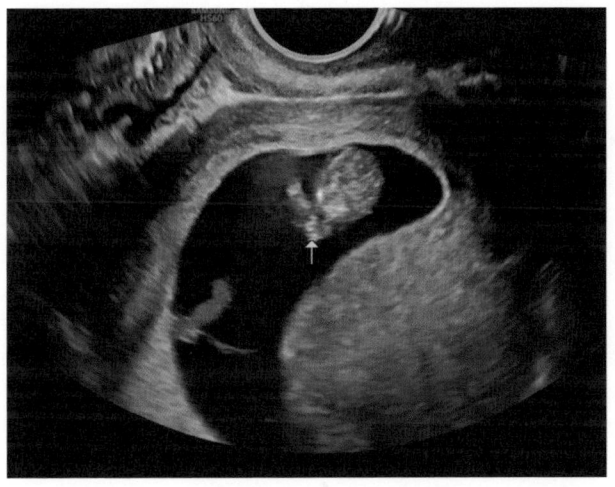

2023.08.17. 손가락이 생겼어요

여담으로 아내는 요즘 군것질도 안 하게 됐다. 부족하나마 영양소를 조금씩이라도 채워주던 군것질까지 끊어버리니 체력이 좋지 않다. 어느 날 식사를 마치고 달달한 게 먹고 싶다며 사 온 아이스크림은 반도 못 먹고 나에게 넘겨줬다. 액상과당의 맛이 너무 달게 느껴져서 거북하다고 했다. 연애 시절 달콤한 디저트라면 사족을 못 쓰던 아내인데, 아이스크림 하나도 제대로 못 먹게 되었다니 참으로 안쓰럽다. 출산 후에는 원래 입맛으로 싹 돌아온다고 하니, 어서 같이 맛있는 거, 먹고 싶은 거 마음껏 먹는 날이 오면 좋겠다.

11주 2일

엄마가 아프면 아기도 아프다

아기와 초음파로 만나는 일이 점점 익숙해지고 있다. 11주에 접어들어 아기는 좀 더 자랐다. 머리부터 엉덩이까지 크기는 4.77cm로 평균 수치에 딱 맞게 성장했다. 머리와 몸통이 2등신으로 나뉘어 동그란 덩어리로 둥실둥실 떠 있는 모습이 외계인과 거북이 그 중간 어디쯤의 모양새로 보였다. 지난 검사 때와 달리 이번 초음파 촬영 때는 딱히 파닥거리는 모습을 보여주지 않아 살짝 아쉬웠다. 초음파 기기를 배에 딱 댔을 때는 흔들흔들 움직이고 있었는데, 녹화 시작 버튼을 누르자 귀신같이 멈췄다. 우리가 보고 있다는 걸 알아채기라도 한 것일까.

11주에 이르면 태아의 얼굴뼈는 대부분 자리를 잡고 손가락과 발가락도 하나둘 갈라지기 시작한다. 처음 수정되었을 때부터 열심히 분화를 거듭해 태아가 하나의 생명으로서 살아남을 수 있도록 다양한 조직들을 구성하는데, 11주쯤에는 뇌와 간, 신장 등이 본격적으로 형성되고 집중적으로 발달한다. 아직 너무나도 작은 크기이기에 태동으로 느껴지지는 않지만 엄마의 뱃속에서 본격적으로 헤엄치기 시작하는 게 바로 이쯤이다.

원래는 기존에 다니던 A 산부인과에서 12주 정기 검진에 맞춰 기형아 검사를 하기로 했었다. 하지만 9주 이후 3주씩이나 아기를 만나볼 수 없다고 하니, 이게 또 참 아쉬웠다. 마음 같아서는 매일 같이 병원에 찾아가 초음파 영상을 보여달라 하고 싶었다. 동글동글 귀여운 우리 아기를 두세 주에 한 번씩 밖에 못 본다니! 그래서 주변 산부인과의 컨디션도 확인하고, 산후조리원 정보도 얻을 겸 집에서 살짝 거리가 있지만 나름대로 평판이 좋은 B 산부인과를 방문하기에 이르렀다.

훌쩍 다녀온 아내의 말에 따르면 B 산부인과는 환경도 아주 깔끔하고 의료진들도 특별히 친절하고, 무엇보다도 산후조리원 시설이 아주 깔끔하게 잘 정돈되어 있어 마음에 쏙 들었다고 한다. 다만 의원급이 아닌 일반 병원이다 보니 진료비가 비교적 비싸다는 점이 흠이었다.

본격적으로 출산을 위해 준비해야 하는 임신 중기에 접어들기 전, 출산과 산후조리까지 한 번에 해결할 수 있는 병원을 찾아두면 좋다고 들었다. A 산부인과도 B 산부인과도 장단점이 제각기 다르기 때문에, 앞으로도 몇 군데 더 돌아보아야 하겠다. 아무래도 엄마의 마음에 쏙 드는 곳에서 진료를 받고 출산도 하고 산후조리까지 받는 게 아기에게도 더 좋지 않을까 생각한다.

다만 초진부터 다니던 병원이 아니라면 초음파 촬영 영상을 제공하지 않는 곳이 더러 있으니 주의해야 한다. 아내가 다녀온 B 산부인과도 마찬가지였는데, 아내가 "산후조리원 입원을 검토하고 있다"라고 살살 꼬시니 마지못해 영상을 녹화해 어플리케이션으로 보내주었다. 방문 전에 제공 여부를 다 확인하고 갔는데, 막상 검진에 들어가려니 영상을 줄 수 없다고 태도를 바꾸었다고 한다. 영상을 제공한다고 대대적으로 광고하고 있음에도 불구하고 우리 병원, 우리 산후조리원을 이용할 건지에 따라 병원 마음대로 오락가락 대응을 달리하는 건, 뭐 어쩌라는 건가 싶다. 영상 제공이 의무는 아니지만 참 야속하다.

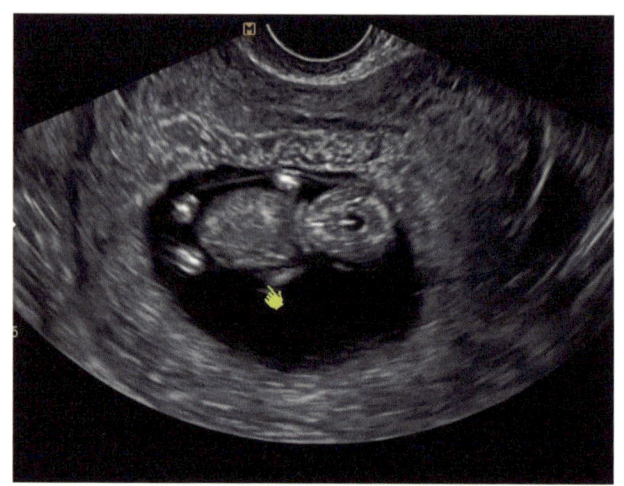

2023.08.28. 외계인과 거북이 사이

 그나저나 아내가 열이 난다. 요새 들어 코로나가 다시 유행한다고 하던데 혹시나 코로나에 감염된 게 아닐까 걱정이 들었다. 하루 이틀 정도 병증을 살펴보니, 이전에 코로나에 걸렸을 때와 비교해 보건대 코로나는 아닌 것 같았다. 정말 다행이다. 여전히 계절은 여름이라고 하지만, 늦여름 비가 시원하게 내리고 나니 날씨가 부쩍 쌀쌀해졌는데, 실내에서는 여전히 에어컨을 빵빵 틀어놓는 탓에 냉방병에 걸린 게 아닐까 싶었다.

몇 해 전에 사두었던 얼렁뚱땅 체온계로 재보니 37도에서 38도 사이를 왔다 갔다 했다. 생각보다 체온이 많이 높게 나왔지만 뱃속에 아기가 있다 보니 아내는 약 먹기를 꺼려 했다. 하지만 엄마의 체온이 38도를 넘어 고열인 상태로 오래 지속될 경우 양수까지 뜨거워져 태아에 악영향을 미친다고 타이르니 마지못해 마음을 바꾸었다.

저녁 시간이었음에도 동네 약국이 열려 있어서 천만다행이었다. 약사에게 임신 사실에 더해 증상이 이러저러하다 설명하니 '타이레놀 500'을 처방해 주었다. 일반 성인의 경우 하루 6알까지 복용할 수 있는 용량이지만, 아내는 임신 중이었기 때문에 가능하면 한 알만 먹고, 그럼에도 열이 떨어지지 않는다면 부득이 두 알까지만 복용한 뒤 차도를 보고 병원에 꼭 가라고 했다. 다행히 타이레놀을 한 알 먹고 따뜻한 물로 지지며 샤워한 뒤 침대에 누워 휴식을 취하니 금세 체온이 정상으로 돌아왔다. 아내도 한결 편안해 보였다.

타이레놀은 임신 중에도 안심하고 복용할 수 있는 몇 안 되는 약이다. 다른 약제들과 달리 '아세트아미노펜' 단일 성분으로만 구성되어 있으니 부작용도 덜하다고 한다. 타이레놀의 홈페이지를 찾아보니, 임신 초기에 아세트아미노펜을 복용한 엄마로부터 태어난 영유아를 대상으로 역학조사를 한 결과 선천성 이상 사례는 보고되지 않았다고 한다. 다만 널리 이용되고 있는 약이라도, 임신 중 약물 복용은 극도로 조심해야 하니 주치의 또는 약사와 충분히 상담한 후 알맞은 제재와 용량을 취해야 한다.

아내는 요즘도 새벽에 한 번씩 메스꺼움을 이기지 못하고 잠에서 깨 이것저것 먹어치운 뒤 다시 잠에 든다. 쏟아지는 졸음에 반강제로 잠에 빠지는데, 그렇다고 아침까지 쭉 잘 수도 없는 상황이라 피곤이 풀리지 않는다. 이에 더해 자다 깨서 먹고 자고 또 깨는 매일의 연속이다 보니 뱃속 상태가 영 말이 아니다. 항상 속이 메스껍고 토할 것 같은 느낌이 따라붙는다고 한다.

아내는 배가 고파서 토할 것처럼 고통스러울 때 밥 반 공기에 고추장, 간장을 비벼 뚝딱 해치운다. 우리 아내만의 입덧 긴급 처방약이다. 하지만 의사에게 입덧 상담을 하던 중 '간장 고추장 비빔밥'의 존재를 털어놓으니, 의사가 기겁을 하며 제발 그러지 말라고 했다. 아무리 힘들어도 식빵 한두 쪽 정도로 참으라고 했다. 이 시기의 임신부는 한 달에 1kg씩 체중이 늘어가는 게 정상인데 우리 아내는 2kg 가까이 불고 있으니, 혼나는 게 당연하다.

임신 중 탄수화물 섭취는 대단히 중요하다. 태아가 쑥쑥 성장하려면 아주 많은 양의 에너지가 필요한데, 이 에너지의 80% 정도를 당 형태로 공급받는다. 당 에너지는 엄마가 얼마나 적절히 탄수화물을 섭취하고 있느냐에 달렸다. 임신 중 체중 증가를 경계해 극도로 탄수화물 섭취를 줄이고 다이어트를 하면 태아의 성장이 더뎌진다. 반대로 임신 중에 탄수화물과 당분을 과다하게 섭취할 경우 임신성 당뇨나 임신 중독증에 빠질 위험이 생긴다. 엄마가 너무 많은 에너지를 섭취하면 태아 역시 거대아가 될 수 있으며, 선천성 기형이나 유산의 위험도 올라간다. 꼭 필요한 영양소지만 너무 많아도 곤란하다. 뭐든 적절하게 잘 조절하는 게 중요하다.

아내의 입덧이 길어질수록 우리 집 냉장고는 다채로워지고 있다. 아내는 고기를 참 좋아해 소 돼지 닭 가릴 것 없이 육류를 많이 먹었는데, 입덧이 시작되고 난 뒤로는 돼지고기의 누린내를 참지 못하게 됐다. 너무 역겹게 느껴지는 건 아닌데 냄새가 꽤나 신경 쓰인다고 했다. 소고기도 비슷한 맥락에서 멀리하고 있다. 그래서 우리 집의 주 단백질원은 닭 가슴살이다. 웨이트 트레이닝에 병행해 식단을 조절할 때나 먹었던 닭 가슴살을 매일 같이 먹고 있다. 건강하게 살찌는 중이다.

새콤달콤 상큼한 자두와 복숭아는 이제 철이 지났다. 임신 사실을 알기 전 자두를 세 박스나 먹어치웠던 기세는 차츰 사그라들었다. 요즘 우리 아내의 입맛을 사로잡은 과일은 멜론이다. 특히 '허니듀 멜론'이 단연 1등이다. 이틀에 한 통씩은 해치우는 것 같다. 세상에 이렇게 많은 과일이 있다는 걸 이제서야 알았다. 아내는 여전히 입덧을 극복하는 중이다.

2023.08.28. 아내 최애 과일 허니듀 멜론

12주 4일

첫 입체 초음파, 씰룩씰룩 엉덩이

아내의 몸에 사랑스러운 아기가 찾아온 후 처음으로 입체 초음파 촬영을 했다. 화면을 가득 채운 주황색 귤색 꿀렁거리는 조직들 사이로 아기가 두둥실 떠 있었다. 기껏해야 머리와 몸통, 팔, 다리가 구분될 뿐인 자그마한 녀석이지만 틈틈이 엉덩이를 흔들어주는 모습이 숨 막히게 귀여웠다. 사실 엉덩이랄 것도 없지만 그저 보고 있는 것만으로도 마음이 따뜻해졌다. 아직 태어나지도 않은 아기에게 묘한 애착이 생기고 있다.

임신 12주에 접어들면 첫 기형아 검사를 실시한다. 1차 기형아 검사는 대개 두 가지를 살펴보는데, 먼저 초음파 촬영을 통해 태아의 '투명대'를 관찰한다. 투명대는 태아의 목 뒷부분의 피부와 연조직 사이에 체액이 차 있는 공간을 말한다. 임신 11~13주 사이에 정밀 초음파를 통해 두께를 확인할 수 있다. 목덜미 투명대가 3mm 이상이면 다운증후군을 비롯하여 기형적 성질을 가지고 있을 가능성이 높다고 판단한다. 다행히 우리 아기의 투명대는 정상 범주였다.

두 번째는 엄마의 혈액 검사다. 혈액 속 단백질을 분석하여 기형아 여부를 판단하는 방식으로, 임신부의 혈액에서 발견할 수 있는 모체혈청 단백질(PAPP-A)을 통해 다운증후군 여부를 알 수 있다. 대략 60~70% 정확도로 태아의 기형적 성질을 판가름할 수 있는데, 여차저차 의심스러운 부분이 있다면 임신 중기에 접어드는 16주 경에 2차 검사를 실시하기도 한다. 문제가 있으면 문자를 준다고 했는데 아직 없는 거 보니 무난하게 잘 통과한 것 같다.

우리 아기는 부끄럼쟁이다. 정밀 초음파로 아기를 살펴보기 위해 초음파 장비를 아내 배 위에서 이리저리 움직여 보았는데, 연신 꾸욱꾸욱 누르며 신호를 주어도 꼼짝하지 않고 자세를 잡아주지 않았다. 방사선사의 지도에 따라 아내가 기침을 두어 번 하고 엉덩이를 들썩거리자 아기가 깜짝 놀랐는지 허우적허우적 헤엄쳤다. 엄마와 아기가 단단히 연결되어 있음을 새삼 알게 하는 순간이다. 아내는 이때 살짝 눈물이 났다고 했다.

입체 초음파 촬영은 장장 10분에 걸쳐 진행됐다. 뱃속 아기의 발달 정도를 정확히 알아볼 수 있도록 확실한 '각'을 찾는 과정에 많은 시간이 걸렸다. 이 과정에서 아기의 여러 면을 볼 수 있었는데, 입체 초음파를 찍자고 장비 모드를 전환하니 냅다 엉덩이를 들이밀고는 동그란 복숭아를 흔들어 젖히지를 않나, 아직 제대로 갈라지지도 않은 손가락 발가락을 이리저리 움직이기도 했다. 동그란 이마를 지나 뽈록 튀어나온 코 뼈도 볼 수 있었고, 나비 모양으로 잘 자라고 있는 뇌도 보였다. 아직은 시기가 일러서 성별까지는 알 수 없었다.

작디작은 찰흙 인형 같은 녀석. 고작 내 새끼손가락 정도밖에 되지 않는 이 작은 몸에 온갖 장기가 자라고 있고 사지가 삐죽 달려서는 파닥파닥 움직이는데, 정말 너무나도 신기했다. 새까만 화면으로 보았을 때는 그 모습을 막연히 상상하기만 했는데, 몽글몽글하게나마 입체로 보니 말 그대로 '차원이 다른' 감각이었다.

아기 머리 사이즈는 1.88cm, 머리부터 엉덩이까지

길이는 5.61cm였다. 심장은 분당 167회로 아주 힘차게 잘 뛰고 있었다. 우리 아기는 모든 면에서 두루두루 '정상'이었고 하루가 다르게 쑥쑥 잘 자라고 있었다. 임신 중기에 접어드는 와중에 처음 맞는 고비였는데 한시름 놓았다. 되도록 안 좋은 방향으로는 생각하지 말아야지 하면서도 내심 온갖 근심과 걱정이 드는 건 부모로서 어쩔 도리가 없었다. 엄마 아빠 걱정할 것 없이 잘 자라고 있는 기특한 우리 아기에게 감사하다.

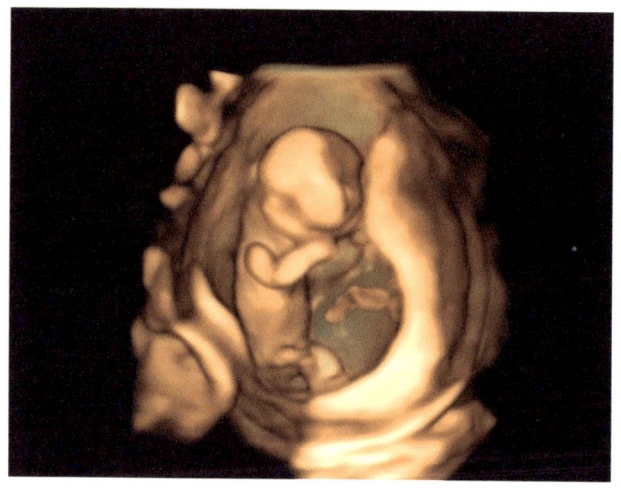

2023.09.06. 찰흙 인형 같은 우리 아기

여담으로, 아내는 임신 전부터 편두통을 심하게 앓았다. 아무런 전조증상 없이 불쑥 찾아오는 편두통은, 임신 중이라고 해서 절대 봐주는 법이 없다. 아내는 지끈지끈 아픈 머리를 싸매면서도 혹여나 뱃속의 아기에게 나쁜 영향이라도 있을까 걱정돼 쉽사리 약을 먹지 못했다. 그렇다고 매번 아플 때마다 방치해 둘 수만은 없는 법이다.

정기 검진을 위해 병원을 방문한 김에 의사에게 약 복용에 대해 지도를 받았다. 자초지종을 설명하니 의사는 딱 잘라 '타이레놀'을 먹으라고 했다. 편두통이 심할 때 한 알 먹어보고 '약발'이 잘 받으면 그대로 타이레놀을 이용하면 된다고 했다. 사람마다 차이가 있긴 하겠지만 37.5도를 넘는 고열에도 똑같이 처방한다고 했다. 약사도 그렇고 의사도 그렇고 하나같이 타이레놀을 추천했다. 타이레놀은 희대의 명약이 틀림없다. 엄마의 고열이 아기에게도 좋을 리 없으니, 아프면 적절히 약을 복용해 컨디션을 조절해야겠다. 물론 안 아픈 게 제일이다.

`

미리 알았으면 좋았을 것들

열 달 내내 괴롭히는 배탈

임신 초기에는 호르몬이 급격히 변화함에 따라 배탈이 나기 쉬워요. 중기에 접어들어서부터는 장기의 위치가 달라지고, 면역력도 뚝 떨어지다 보니 배탈이 자주 나요. 배탈은 홀몸일 때도 견디기 어려운데, 임신 중에는 더욱 힘들게 느껴져요. 우리 아내도 걸핏하면 배탈이 나서 아주 고생했어요.

임신 중에는 배탈이 났다고 지사제를 먹을 수 없어요. 지사제의 대표격인 '정로환 당의정'은 임신부와 수유부 모두 복용할 수 없다는 경고가 붙어 있어요. 몇몇 임신부가 복용할 수 있는 약이 있기는 한데, 이건 꼭 주치의 및 약사와 충분히 상담한 후에 적절히 복용하도록 해요.

임신부의 배탈은 딱 잡아 이렇다 할 극복 방법이 없어요. 입덧이 너무 심하지만 않다면, 조금 힘들더라도 한동안 뱃속을 비우고, 탈수를 막기 위해 충분한 물을 섭취하도록 해요. 몸 특히 배를 따뜻하게 유지하는 것도 큰 도움이 돼요. 배탈로 고통을 호소하는 아내를 옆에서 보고 배운 결과, 역시 배탈이 나지 않도록 예방하는 게 가장 좋아요. 너무 맵고 짜고 기름진 음식은 되도록이면 피하도록 해요.

미리 알았으면 좋았을 것들

임신 중 약 복용은 어떻게 하나?

임신 열 달 내내 건강하고 아프지 않다면 가장 좋겠지만, 임신부는 호르몬 변화로 인해 면역력이 많이 떨어져서 쉽게 아파요. 감기도 잘 걸리고 열도 자주 나고 보통 일이 아닙니다. 임신 중에 먹을 수 있는 약과 절대 먹으면 안 되는 약을 미리 파악해서 준비하도록 해요.

아세트아미노펜 계열의 타이레놀이나 이부프로펜 계열의 이지엔식스 등은 임신 중에 복용해도 크게 문제가 없다고 해요. 다만 이부프로펜 계열은 임신 후기에 문제가 될 수 있다고 하니 주의해요. 임신 중 고열은 태아에 좋지 않으니, 방치하지 말고 꼭 약을 복용해 컨디션을 조절해 주어요.

대부분의 소화제나 위장 약는 임신 중에도 안전하게 복용할 수 있다고 해요. 다만 개중에는 복합 성분으로 인해 유산이나 중추신경 이상을 일으킬 우려가 있는 약들도 있으니 꼭 약사와 상담 후에 복용하도록 해요.

반면에 여드름 치료제나 고혈압 치료제는 임신 중 복용 시 태아에 심각한 기형을 일으킬 수 있다고 하니, 부득이 약을 꼭 먹어야 한다면 주치의 및 약사와 충분히 상담하도록 해요.

남편이 쓰는 임신수첩
김호진 에세이

셋

항상 새로워

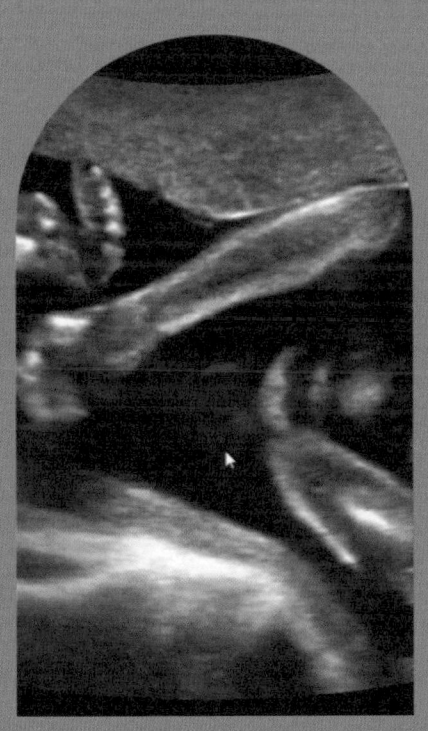

남편이 쓰는 임신수첩
김호진 에세이

14주 1일

허영, 불안, 죄책감의 거래소 '베이비 페어'

베이비 페어를 다녀왔다. 머지않은 미래에 태어날 우리 아기를 위하여 어떤 준비물이 필요하고, 어떻게 사야 '잘 샀다'고 소문이 날지 알아보기 위함이었다. 철저히 계획하고 준비한 임신이라면, 모든 단계마다 무엇이 필요한지 속속들이 알았을 텐데, 임신 출산 육아에 일자무식한 나는 베이비 페어에서 많이 배우고 올 심산이었다.

베이비 페어의 첫인상은 '사람이 정말 많다'였다. 세계에 유례를 찾아볼 수 없을 정도로 나락을 향해 곤두박질치고 있는 '저출산 고령화 사회' 대한민국에, 이렇게도 많은 아기 엄마 아빠가 있단 말인가? 어디에서 이 많은 아기와 부모가 몰려들었는지 신기할 정도였다. 오픈 시간이 한참 지난 오후 2시쯤 방문했음에도 모든 부스에 와글와글 사람이 넘쳐났다. 가장 인기가 좋은 유모차나 카시트 부스는 당연하고 '아기 엉덩이 씻기'에 최적화된 360도 돌아가는 세면대 수도꼭지 부스마저도 관람객으로 가득했다.

베이비 페어의 두 번째 인상은 '허영과 불안, 죄책감의 거래소'다. 이 글을 쓰는 목적이기도 하다.

아기를 낳아 기르는 중에 방문한 다자녀 부모라면 어떨지 모르겠지만, 생애 첫 출산과 육아를 눈앞에 두고 있는 새내기 엄마 아빠라면 베이비 페어 행사장에 딱 들어선 순간 머릿속이 참 복잡해질 것이다. 눈이 휘둥그레질 정도로 많은 수 백 수 천 가지의 제품이 이곳저곳에서 손을 흔들며 현혹하기 때문이다. 소중한 우리 아기를 반듯하게 잘 키우기 위해 필요한 물품은 무엇이며, 그중에 꼭 필요한 '필수템'은 무엇인지, 뭐가 좋고 뭐가 나쁜지 어떻게 구분하면 좋을지 도통 감이 잡히지 않는다. 인터넷에 각종 정보가 넘쳐흐르는 시대라고는 해도, 세상에는 직접 눈으로 보고 손으로 만져봐야 알 수 있는 것들이 있다. 온

갓 제품에 살을 맞대고 알아볼 수 있고, 전문적인 직원으로부터 세심한 설명을 듣고 판단할 수 있기에 베이비 페어는 딱 좋은 공간일 수 있다.

그러나 지금 설명을 듣고 있는 이 제품이 너무 비싼 것은 아닌지, 정말로 꼭 필요한 제품이 맞는지, 판단 기준이 명확히 서지 않은 상태에서 베이비 페어에 발을 들이는 것은 참으로 위험하다. 팔랑팔랑 흔들리는 새내기 부모의 지갑을 노리는 노련한 사냥꾼이 즐비하기 때문이다. 흔들림이 적고 튼튼하며 심지어는 운반도 용이하다는 '럭셔리 유모차'는 200만 원에 육박하고, 0세부터 7세까지 쓸 수 있으며 모든 차량에 대응할 수 있는 '프리미엄 카시트'는 150만 원이 넘는다. 어느 정도 타협을 한다면 130만 원짜리도 있고, 저렴하게는 50~80만 원 언저리까지 가격대가 다양하게 있지만 "아기의 안전을 생각하시면", "저렴한 것을 여러 개 살 바에야", "다른 분들도 다 이거 쓰시는데"라며 초보 부모의 '불안감'을 자극하는 상술에 홀딱 넘어가기 십상이다.

유아용품이나 '육아템'은 사용하는 도중 아기가 아프거나 다치기라도 하면 "돈 몇 푼 아끼려다가 애 잡는다"라는 특성 때문에 막연한 '죄책감'에 빠지기 딱 좋다. 아기들은 잠시만 한 눈을 팔아도 우당탕탕 좌충우돌 사고를 치기 때문에, 100만 원짜리 장난감이나 3만 원짜리 장난감이나 다치고 위험하긴 매한가지다. 그러나 가뜩이나 지치고 사리분별이 어려운 초보 부모 입장에서 아기가 엉엉 우는 모습을 보면 "내가 괜히 돈을 아껴서" 그렇게 된 것이라며 자책하게 된다. 베이비 페어는 이런 부모의 마음을 너무나도 잘 알고 있기에, 온갖 업체가 한마음 한뜻으로 "어차피 아이를 키우다 보면 꼭 필요한 때가 온다", "사는 김에 좋은 것 사시라"라며 이런저런 '육아템'에 할인과 사은품 등 프로모션을 덕지덕지 붙여 엄마 아빠의 지갑이 열리게끔 만든다.

"딱 하나만 낳아서 잘 기르자" 풍조가 만연한 요즘, 아기 하나 키우는데 돈 아껴서 무엇 하나, 남들만큼은 아니, 남들보다 더 좋은 제품을 쓰겠다는 '허영심' 또한 작동한다. 아기를 키우고 가정을 꾸리는 일상 속 행복이 SNS를 장식하기 위한 하찮은 도구로 전락한 것만 같이 느껴지는 요즘이다 보니 '허영심'이 가지는 파급력이 더 크게 다가온다. 마음에 드는 모든 제품을 마음껏 구매할 수 있다면 더할 나위 없겠지만, 저기 저 부부처럼 시원하게 신용카드를 막 긁을 수 있으면 좋겠지만, 각자의 지갑 사정은 다르기 때문에 비극이 시작된다. "우리 아기에게 이 정도도 못 해주는 부모인가" 혹은 "나는 우리 아기를 위해 이 정도는 통 크게 쓸 수 있는 멋진 부모야"라는 헛헛한 감정이 쉴 새 없이 휘몰아친다.

그래서일까. 임신 출산 육아 제품이 나날이 비싸지고 있다. 나날이 비싼 제품만 팔리고 있다고 해야 옳은 표현일지 모른다. SNS가 발달하며 '남의 집 사정'을 손쉽게 속속들이 들여다볼 수 있게 되었고, TV만 틀면 연예인 가족이 각종 '프리미엄' '럭셔리' '한정판' 제품을 칠갑하며 육아하는 모습이 나온다. 세상 모든 엄마 아빠가 비교 심리와 불안감, 모자란 부모가 된 것 같은 막연한 죄책감에 둘러싸여 살게 되었다. 이로 인해 꼭 필요하지도 않은 제품, 필요하더라도 충분히 저렴하고 멀쩡한 대체재가 있는 제품에 큰돈을 들이고 있다.

어쩌면 우리 스스로가 육아의 장벽을 높이고 있는 게 아닐까. 남들보다 잘 키우고 싶어서, 같은 아파트 저 엄마에게 기죽고 싶지 않아서 혹은 남들은 나보다 잘 하는 것 같아서, 우리 아기에게 모자란 부모가 된 것만 같아서. 다양한 이유가 융합되어 허영과 불안 그리고 죄책감을 만들어 냈고, 우리 스스로가 육아를 끝없는 고통의 구렁텅이로 밀어 넣고 있는 게 아닐까. 손수건을 세 번이고 다섯 번이고 반복해서 빨고, 아기 옷을 빨 때 세제를 넣느냐 마느냐, 건조기를 돌리느냐 마느냐, 아기 용품을 소독해서 지

퍼백에 담아야 하느냐 마느냐. 이런 쓸 데 없는 논의에 몰두해 에너지를 다 쏟아붓고 있는 상황에서 누가 선뜻 아기를 낳아 기르겠다 나설 수 있을까.

50만 원짜리 유모차를 사느니 '남들에게 자랑할 수 있는' 80만 원, 100만 원짜리 유모차를 사고, 이왕에 돈을 쓰는 마당이라면 '우리 아기를 위해서' 200만 원짜리 유모차를 턱턱 지르는, 질러야만 하는 분위기가 팽배하다. 끝도 없이 이어지는 '육아 필수 준비물' 리스트의 마지막에 "총액: 7,800,000원"이 찍히는 게 너무나도 당연하고 그럼에도 "아직 모자라다"라고 평가하는 게 당연하게끔 받아들여지는 세상이라면 임신 출산 육아라는 값비싼 시련에 훌쩍 뛰어들 멍청하고 단순한 용자가 어디 있을까. 돈도 시간도 체력도 모자란 사람들이 지레 겁을 먹고 도망치는 게 당연하다.

처음 만난 우리 아기가 너무나도 사랑스러워서 모든 걸 다 해주고 싶은 마음이 드는 건 당연하다. 지금 조금 지출이 크더라도, 내가 허리띠를 졸라매야 한다 하더라도 우리 아기가 행복하다면 '해냈다는 기쁨'이 너무나도 크다는 것 역시 잘 알고 있다. 나 역시도 아기가 태어나기 전임에도 벌써부터 안달이 난다.

그러나 이는 모두 부모의 '자기만족'에 불과하다는 사

실도 받아들여야 한다. 중요한 건 얼마를 쓰느냐가 아니라 얼마만큼 사랑을 주었느냐에 달렸다. 머리로는 알고 있지만 실천하기 쉽지 않은 과제다. 이러다 언젠가 나도 20만 원 30만 원짜리 '피톤치드 히노키 원목 장난감'을 사들고 막연한 만족감을 느끼는 날이 올까 두렵다.

14주 6일

배앓이의 특효약 '누룽지 통닭'

아내가 아프다. 입덧의 막바지에 접어든 14주 마지막 날, 속 쓰림과 울렁거림이 심해졌다. 앉으나 서나 똑같이 속이 안 좋다 보니 컨디션이 말이 아니다. 아내는 임신 전부터 스트레스성 편두통을 심하게 앓았는데 요즘들어 자주 머리가 아프다고 한다. 끙끙 앓는 아내 옆에서 나는 할 수 있는 게 많지 않다. 어깨가 결리면 편두통이 온다는 얘기에 하염없이 아내 어깨를 주무를 뿐이다.

아내는 임신을 하더니 종합병원이 됐다. 속 쓰림과 울렁거림, 편두통, 무기력함에 공격을 당하는 와중에 배앓이까지 겹쳤다. 배가 빵빵하도록 가스가 가득 찬 느낌이 들고 더부룩한 복부 팽만감이 며칠이고 이어지더니 요새는 또 하루에도 몇 번이고 화장실을 들락거린다. 배탈이 난 것처럼 배가 아픈데 시원한 소식은 없단다.

임신 중에는 호르몬 변화로 인해 신체의 각종 근육들이 편안하게 이완되는데, 이때 소화에 관여하는 근육들도 같이 이완된다. 때문에 소화가 원활하게 이루어지지 않는 것이다. 소화가 느려지니 자연스럽게 복부에 가스가 차고 배가 빵빵해지는 불쾌한 느낌이 든다. 임신 중에 느끼는 복부 팽만감과 변비, 트림, 헛배부름을 완화하기 위하여는 물을 많이 섭취하고 섬유질이 풍부한 음식을 먹는 것이 좋다. 나아가 가벼운 수준의 걷기 운동도 도움이 될 수 있으며, 복부가 편안하고 혈액순환을 방해하지 않는 헐렁한 옷을 입고 가볍게 요가 동작을 수행하는 것도 도움이 된다.

아내는 몸 상태가 영 안 좋다 보니 입맛도 뚝 떨어졌다. 임신 기간 내내 속이 쓰리다는 이유로 먹기 싫은 음식을 반강제로 꾸역꾸역 먹고 있다 보니, 배탈에 복부 팽만감에 아주 미칠 지경이다. 쌀밥은 전혀 생각나지도 않고 그나마 잘 먹었던 샐러드에도 손이 가지 않는다. 제철을 맞은 빨간 사과나 허니듀 멜론 정도로 간간이 허기를 달래주는 상황이다. 입덧이 절정에 달했는지 이제는 쌀밥

냄새에도 거부 반응을 보인다. 어느 날 문득 밥 짓는 냄새가 고약하게 느껴졌다고 한다. 매일매일 아무렇지 않게 잘 먹던 음식이 고통으로 다가온다니. 임신이 주는 시련은 상상을 초월한다.

다행히도 입덧의 끄트머리에서 새로운 발견을 했다. 바로 누룽지 통닭 전문점 '계림원'이다. 딱히 광고를 할 생각은 아니고, 먼 훗날 이름을 까먹지 않기 위해 적어 둔다. 옛날 통닭 한 마리를 누룽지 위에 꾹 눌러 담아주는 닭집인데, 아내는 어느날 우연히 이 누룽지 통닭을 맛보고는 아주 푹 빠져버렸다. 아내는 평소에도 닭 가슴살을 유독 좋아했는데, 계림원 통닭의 닭 가슴살은 유독 촉촉하고 고소하단다. 어떻게 조리했는지 모르겠지만 닭 비린내도 안 나고 맛이 좋단다.

덕분에 일주일 내내 저녁 식사는 계림원 누룽지 통닭이었다. 요 사이 아내는 퇴근 시간 즈음이면 어김없이 "소원이 있다"라고 운을 뗐고, 무엇이냐 되물으면 "계림원에 가서 통닭을 먹고 싶다"라고 말했다. 먹고 싶은 게 없어서 고통스러운 입덧의 막바지에 이토록 강렬하게 구미를 당기는 녀석이 하나라도 있다는 사실이 너무나도 감사했다. 매일매일 일주일을 먹든 한 달을 먹든, 뭐가 됐던 간에 아내를 편안하게 하는 녀석의 존재 자체에 감사했다.

아내는 누룽지 통닭을 한 마리 시켜놓고 '열무김치'를 몇 번이고 리필해서 먹었다. 서빙을 보는 아주머니가 "임신했을 때는 먹고 싶은 걸 마음껏 먹어야 한다"라며 흔쾌히 몇 번이고 가져다 주셨다. 참으로 감사한 분이다.

아내는 매운맛 누룽지 통닭도 좋아한다. 내 입에는 너무너무 매운 불닭 맛인데 아내는 곧잘 먹는다. 매운음식을 먹으면서 혼비백산하는 느낌이 좋은가 보다. 스트레스

2023.09.22. 맛있는 누룽지 통닭

가 풀리는 기분이려나. 매운 신라면을 바짝 졸인 것 같이 진득한 불닭 소스에 닭 가슴살을 팍팍 찍어 먹는 아내가 참 대단하다. 매운 음식을 먹지 못하는 나의 입장에서는, 너무 매워서 다섯 입 먹고 한 타임 쉬어줘야 하는 번거로운 상대지만 먹고 난 뒤에도 아주 깔끔한 녀석이라 열심히 거들고 있다. 신기하게도 다른 매운 요리처럼 엉덩이에 불이 나지 않는다. 맛있는 녀석에 후일도 좋으니 좋은 기억만 쌓인다.

드디어 다음 주면 뱃속 아기의 성별을 알 수 있다. 요즘도 아기 성별을 대놓고 알려주는 것은 위법이기 때문에 의사가 딱 잘라 말해주지는 않지만, 초음파 영상을 보면 모를 수가 없다고 한다. 딸이면 어떻고 아들이면 어떠하리. 뭐가 되었든 간에 좋으니 쑥쑥 키워주고 있는 엄마가 더 힘들지 않게 착하게 잘 자라주길 바랄 뿐이다.

16주 0일

둥근 달 한가위, 아들은 아들을 만났다

지난 화요일, 3주 만에 산부인과를 다녀왔다. 12주에 첫 번째 기형아 검사를 하고 4주 뒤에 오라고 해서 안달이 나던 참이었다. 추석 연휴에 돌입하기 전에 아기가 잘 지내고 있는지 확인하기 위해 그리고 '진짜 목적'인 아기의 성별을 확인하기 위함이었다.

뱃속 아기가 어느 정도 크다 보니 이제는 매번 복부 초음파로 아기를 만나고 있다. 의사와 간단히 문진을 나눈 뒤 아내와 초음파실에 들어갔다. 아기가 잘 자라고 있는지 머리 크기도 재 보고, 머리부터 엉덩이까지 길이도 쟀다. 머리 크기는 주수보다 1주일 정도 크게 자라고 있었고, 다리 길이와 키는 주수에 딱 맞았다. 머리가 너무 빨리 크는 게 아니냐 하니 의사는 "잘 자라고 있다는 뜻"이라며 걱정하지 말라고 했다. 머리가 너무 크면 나중에 엄마가 고생한다. 쑥쑥 자라되 눈치는 잘 챙겨주기를 바란다.

그리고 드디어 대망의 가랑이 타임. 세상이 많이 달라졌다 하더라도, 아직 산부인과에서 아기의 성별을 대놓고 알려주지 않는다. 여전히 법률상 금지되어 있다는 것 같다. 그럼에도 의사들은 초음파 장비를 이리저리 움직이며 가랑이 사이의 '그것'을 찾아낸다. 우리 아기 역시 마찬가지였다.

"이게 엉덩이를 아래에서부터 바라본 각도고요. 자, 보이죠?". 의사가 조종하는 화살표를 따라가 보니, 보였다. 의심의 여지 없이 보였다. 보이는 것을 보인다고 말할 수 없는 오묘한 법이 있어서, 보인다 말해도 무엇이 보였는지 딱히 설명해주지 않는다. 그럼에도 잘 보였다.

반갑다, 아들아!

아내는 임신 초기부터 줄곧 "아들인 것 같다"라고 말했다. 어째서 그리 생각하는가 물으니, 기차 화통 삶은 듯 칙칙폭폭 쿵쾅쿵쾅 뛰는 심장 소리를 들으니 아들이 아니겠느냐고 했다. 그게 무슨 말인가 싶지만 아내가 덧붙이길, 첫날 검진 때 난황이 왼쪽에 있었으니 아들이 맞는다고, 과일이 먹고 싶으면서 고기를 멀리하게 되니 아들이라는 확신이 들었다고 했다. 그리고 주변 친구들 역시 확신에 차서는 "너는 아들 엄마 같다"라고 했단다.

여전히 미신의 영역에 존재하는 성별 따지기이지만, 내가 꾼 태몽 역시 아들 꿈이었다. 꿈속에서 아내는 아침 출근 전 고소한 무언가를 열심히 굽고 있었다. 집안에 퍼지는 고소한 냄새에 "뭐를 그리 열심히 하고 있느냐" 물으니, 족히 어른 몸통보다 더 큰 크기의 커다란 고구마를 나에게 훌쩍 주었다. 나는 아내가 준 큼직하고 묵직한 고구마를 불끈 들어 올렸다. 둥글고 거칠거칠한 감촉과 온 집안을 가득 채우는 고소한 냄새가 아직도 기억에 생생하다. 고구마 태몽은 아들이 틀림없다 하더니. 뽑기 결과 역시 아들이었다. 거 참 신기할 따름이다.

여담으로 아들 엄마는 '깡패'가 된다고 하던데, 우리 아내도 언젠가는 깡패 같은 엄마가 되려나? 우리 아들 엄마의 온화한 멘탈 케어는 내가 담당해야겠다.

16주 0일

추석을 맞아 고향에 다녀왔다. 드디어 친가에도 아기가 생겼다는 소식을 전했다. 원래는 이달 초 어머니 생신에 맞춰 짜잔하고 임신 소식을 알리려 했다. 하지만 지금 고향 집에서는 부모님과 누나네 부부가 조카 둘을 데리고 공동육아를 실천하고 있는 탓에, 어머니는 "추석에 올 건데 굳이 오지 마라"라며 극구 사양했다. 공동육아 삼매경에 본인 생신잔치는 뒷전이다.

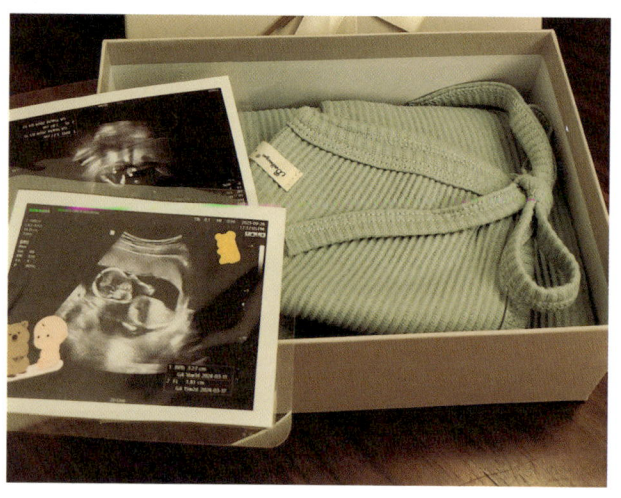

2023.09.26. 임신 소식 서프라이즈!

그러다 보니 타이밍을 놓치고 놓치다 드디어 16주 만에 '임밍아웃'을 했다. 선물상자는 미리 준비했다. 멋진 선물상자에 아들임을 암시하는 민트색 우주복을 곱게 접어 넣었다. 그리고 '고추'가 선명하게 찍힌 초음파 사진도 코팅해 첨부했다.

작전은 성공적이었다. 별것 아닌 척 무심하게 상자를 건네고, 상자 속 내용물을 열어서 보게 했다. 어머니는 눈이 휘둥그레 해서는 "뭐야? 뭐야?"라며 연신 신기해 했다. 뭐긴. 어머니 당신 아들에게 아들이 생겼다는 뜻이죠. 며느리를 더 사랑하고 아껴야 한다는 뜻입니다.

집안에 가족이 하나 늘어난다는 건 참으로 마음이 따뜻해지는 일이다. 지금도 아버지, 어머니, 누나, 매형 그리고 두 명의 조카까지 왁자지껄한 집안에, 나와 우리 아내 또 뱃속의 아기까지 한 데 모이니 북적북적 시끌벅적 사람 사는 느낌이 물씬 풍겼다. 올해 추석은 유독 몸도 마음도 풍성하다.

17주 1일

살찌는 임신부, 한 달에 2kg씩만!

아내는 요즘 살찌는 게 걱정이다. 15주를 지나 부쩍 배가 불러오기 시작했는데, 요즘에는 밥을 먹고 나면 배가 빵빵하게 터질 것처럼 부풀어 오른다. 아침에 일어나자마자 보면 홀쭉한데, 조금 움직이고 간식을 주전거리다 보면 어느새 배가 불룩 나와 있다. 이제는 임신 전에 입었던 옷은 대부분 맞지 않고, 원피스나 치마, 바지, 어떤 옷을 입어도 임신부인 게 확실히 티가 난다. 이곳저곳 전반적으로 살이 토실토실 오르던 임신 초기를 지나, 중기에 접어드니 오로지 배만 집중적으로 커지기 시작했다.

아내는 원래도 운동을 좋아해 날씬한 몸매를 유지해

왔는데, 살아생전 이렇게 살이 찐 적은 처음이라 한다. 엊그제는 옆구리 살 속칭 '러브핸들'이 잡힌다며 나에게 자랑 아닌 자랑을 했다. 내가 보기에는 동글동글 나온 배가 귀여워 죽겠는데, 아내는 영 신경이 쓰이나 보다.

아무렴 뱃속에 생명을 하나 더 키우고 있다 보니, 아무리 먹어도 배가 고프고, 이것저것 입에 음식이 떨어질 날이 없다 보니 어쩔 도리가 없다. 그래도 임신 기간 중에 건강을 잘 유지하려면 너무 급하게 살이 찌는 건 경계해야 한다. 의사가 말하길 한 달에 최대 2kg씩 체중이 느는 걸 기준으로 잡고 가능한 잘 방어해야 한다고 했다. 너무 확 찌면 좋지 않다. 지금 우리 아내는 방어가 잘 안 되고 있다. 이번 검사 날에는, 지난주에 체중을 달았을 때보다 대략 1.5kg 쪄서 59.4kg이 됐다. 이제 곧 60kg대의 벽을 뚫는다. 그래도 중간에 추석 연휴가 껴서 그런 것이겠거니 위로를 했다.

이제 안정기에 접어든 만큼 아내도 임신 전과 같이 평범한 일상을 보낼 수 있게 됐다. 체중 관리를 위해 반강제로 해야 하는 운동도 다시 시작할 수 있게 됐고, 염원하던 파마도 할 수 있게 됐다. 여담이지만, 파마라는 게 사실 임신 과정에 어떠한 영향을 미치는지, 영향을 미치기는 하는지, 제대로 된 연구 결과가 없어서 모두가 아리송한 상황이다. 이번 검사에서 의사도 "슬슬 해 봐도 좋지 않겠나"라고 허락을 해 주었으니 예약만 잡으면 만사 오케이다. 임신 중에는 마음껏 누릴 수 있는 기분 전환 이벤트가 딱히 없는데, 파마를 하든 매직을 하든, 헤어스타일을 바꾸면서 기분이 싹 좋아지면 좋겠다. 누구든 언제든 예쁘게 꾸미면 기분도 좋아지는 법이니까.

2차 기형아 검사도 하고 왔다. 우리 아기는 추석 연휴에 들어가기 앞서 초음파 검사를 했을 때보다 아주 조금 더 커 있었다. 머리부터 엉덩이까지 10.7cm. 이제 모니터 화면에 온전히 담기지 않을 정도로 길쭉해졌다. 카메라를 이리저리 둘러보며 아기가 잘 자라고 있음을 확인했다. 머리 사이즈는 여전히 주수를 앞질러 가고 있었다. 3.69cm로 머리 크기로만 보면 일주일 정도는 빠르다. 대두로 태어나는 게 아닌가! 싶었지만, 의사는 여전히 걱정할 것 없다고 했다. 심장도 분당 156회로 신나게 잘 뛰고 있었다. 이번에는 해골바가지 같은 머리와 심장에 더해, 새까맣게 꿀렁꿀렁 움직이는 위장도 보였다. 아내와 단단히 연결된 우리 아기는 하나씩 하나씩 온전한 모습을 갖추기 위해 열심히 노력하고 있다.

이번 기형아 검사 때도 역시나 피를 뽑았다. 아내는 피 뽑는 걸 아주 무서워한다. 바늘을 쳐다보지도 못한다. 채혈실에서 고개를 바짝 돌린 채 파들파들 떠는 아내가 너무 귀여웠다. 긴장하지 않은 척 한껏 무표정을 연기하고 있지만 불안으로 가득한 눈동자는 숨길 수 없다. 피도 싫고 바늘도 싫은데 어떻게 아기를 낳느냐며 한탄하는 매일이다.

간호사가 피를 뽑고 지혈을 하라며 알코올 솜을 눌러주니 피가 다 멈출 때까지, 그러니까 간호사가 안내한 5분이 다 지나갈 때까지 속으로 숫자를 세며 요지부동이었다. 이렇게 말을 잘 듣는 사람이었나? 검사가 끝나고 집에 가는 길 내내 피를 뽑아서 팔에 감각이 없다는 둥 피가 빠져나가서 손이 차가워졌다는 둥, 주사를 처음 맞아본 어린아이처럼 호들갑을 떨었다. 우리 아내의 사랑스러운 포인트다.

이튿날 지혈을 위해 붙여둔 스티커를 떼고는 팔에 구멍이 생겼다며 우울해 했다. 내 눈에는 그저 모기 물린 자국 정도로 밖에는 보이지 않았다. 앞으로 아기를 만나기 전까지 몇 번이고 더 피를 뽑아야 할 텐데. 여보, 힘내!

18주 2일

배 뭉침, 걱정 말아요

아내의 복통이 심상치 않다. 시도 때도 없이 속이 더부룩하고 배가 빵빵하다. 아랫배가 단단하게 뭉친 느낌이 들고, 손으로 만져보아도 획 밀히 촉감이 딱딱하다. 몇 주 전부터 시작된 묘한 복통이 절정에 다다랐다. 16주 정기 검진 당시 의사가 괜찮다고 해서 일차적으로 안심하고 있었는데, 가만히 있자니 영 상태가 좋지 못하다.

바로 어제는 배가 딱딱한 데 더해 좀처럼 소화도 잘 안되는 기분이고 특히나 배탈이 난 건지 아닌 건지 헷갈릴 정도로 뱃속이 불편했다. 그냥 고통스러운 시간의 연속이었다. 밤새 뒤척이며 잠을 설치고, 아침을 맞이했음에도 아랫배는 여전히 단단했다. 뱃속 아기가 잘 있는지 걱정됐다. 그래서 아내는 서둘러 병원을 찾았다. 직장 주변 산부인과를 아무 곳이나 정해 근무 시간 중에 짬을 내 허겁지겁 다녀왔다.

새로 찾아간 C 의원은 남자 의사가 근무하고 있었는데, 대단히 친절하고 작은 부분까지 하나하나 질문에 답해줬다고 한다. 세상 모든 의사가 다 이런 분이라면 얼마나 좋을까. 의사에게 자초지종을 설명하고 걱정을 토로하니 "괜찮다"라는 답이 돌아왔다.

아내는 임신 17주 5일로 임신 중기인 20주를 향해 열심히 나아가고 있다. 임신부의 자궁은 임신이 시작된 뒤 조금씩 조금씩 커진다. 그러다 임신 중기에 들어서면 자궁이 빠르게 확장하는데, 이 과정에서 자궁 근육이 수축하고 팽창하기를 반복하며 통증을 유발한다고 한다. 이때 발생하는 게 바로 '배 뭉침' 현상이다. 걱정이 많았는데, 아주 흔한 증상이라는 진단을 받고 한시름 놓았다. 하지만 "앞으로도 계속 아플 거고, 빈도도 더 높아질 것"이라는 의사의 말이 조금은 무섭게 다가왔다. 아주 당연하고 흔한 증상이지만, 여전히 불안하고 걱정된다면 때때로 검진을 받아보는 게 좋다는 조언도 얻었다. 역시 아프고 궁금할 때는 병원에 가는 게 제일이다.

그밖에 양수나 태반, 심장 등을 살펴보았을 때, 모든 징후를 종합하건대 태아는 아주 건강했다. 심박수도 분당 150회 전후로 정상이었고, 심지어 아기 크기는 13cm를 돌파했다. 내 가운뎃손가락 끝에서부터 손바닥 한가운데까지의 길이와 같다. 에어컨 리모컨보다 살짝 크다. 언제 이렇게 자랐는지 기특하다.

이후에도 아내 뱃속은 여전히 천둥번개가 친다. 밥을 한술 입에 넣기만 해도 뱃속이 찌릿찌릿 아프고 금세 배탈 난 사람처럼 화장실로 뛰어가야 한다. 엉덩이에 불이 붙었다는 표현이 딱 어울릴 정도로 부리나케 화장실을 들락거리는 아내. 이케아 푸드코트에서 밥을 먹다 말고 화장실에 가야 했고, 집에서 영화를 보며 밥을 먹다가도 몇 술 뜨지도 못하고 화장실 행이다. 끼니조차 제대로 때울 수 없는 아내가 너무 안타깝다. 지사제도 먹을 수 없고, 그저 모성으로 근성으로 복통을 견뎌야 한다. 고문도 이런 고문이 따로 또 있을까 싶다.

19주 6일

꾸물꾸물 태동의 시작

어느 날 침대에 누워 있던 아내가 "악!" 소리를 내며 벌떡 일어났다. 깜짝 놀라 왜 그러느냐 물으니 "아기가 방광을 때린 것 같다"라고 말했다. 아기가 방광을 때린다고? 곧장 화장실로 달려가는 아내를 보며 태동이 시작됐음을 깨달았다.

아기는 하루 종일 엄마 뱃속을 헤엄친다. 가만히 앉아서 일을 하고 있을 때도 꾸물꾸물 움직이고, 옆으로 누워도 꾸물꾸물, 바르게 누우면 더 세차게 꾸물거린다. 작고 앙증맞은 우리 아기가 잘 자라고 있음을 스스로 알려오는 것만 같다. 16주 정기검진 이후 몇 주 동안이나 만나지 못해 잘 자라고 있는지 슬슬 걱정이 되던 참이었는데, 알아서 티를 내주니 참으로 기특한 녀석이다.

　태동은 밤이 되면 더욱 강해진다. 엄마가 활발히 활동하는 낮에도 물론 태동이 꾸준히 있지만, 외부 자극 때문에 집중하지 않으면 잘 느껴지지 않는다고 한다. 그러다 가만히 앉거나 차분히 침대에 누워 온전히 아기에게 집중할 수 있는 밤이 되면 아기와의 교감이 시작된다. 꾸물꾸물. 엄마 뱃가죽을 손으로 밀어보기도 하고 발로 차기도 하고, 가끔은 내장을 툭툭 친다. 방광을 꾹 누를 때는 소변을 참기 어렵다고 한다. 작은 체구의 아내지만, 그런 아내보다 훨씬 훨씬 더 작은 우리 아기에게 엄마 뱃속은 드넓은 우주다. 이리저리 구르고 떠다니며 노느라 바쁘다.

　저녁식사를 마치고 잠시 누워 쉬어보려 하면 아기가 야단을 부린다. 뱃속에서 방광을 누르고 발로 차고 좌충우돌하는 탓에 아내는 가만히 누워 있지를 못한다. 아기 덕분에 저녁 시간만 해도 화장실을 열댓 번은 가는 것 같다. 하루 종일 스무 번 넘게 화장실을 다니고, 말 그대로 방금 다녀 왔는데, 5분도 안 돼서 또 소변이 급해진다. 아내 말로는 "가짜 쉬"라는데, 진짜 급한 것도 아니고 양도 얼마 되지도 않는 요의 때문에 화장실 문턱이 닳을 지경이다. 고통이 이만저만이 아니다.

입덧도 거의 끝나서 밥 먹는 데 큰 문제도 없고, 몇 주 동안 힘들게 하던 잦은 배탈도 많이 가라앉았다. 행복 임신의 시작이려나 했더니 이번에는 방광과의 사투다. 정상적이라면 10분에 두어 번 빈도로 태동을 느낀다고 하니, 그럴 때마다 화장실로 달려갈 수도 없는 노릇이다. 임신은 역시 매 단계마다 새로운 어려움을 동반한다. 그래도 뱃속에 생명이 자라고 있음을 촉감으로부터 알 수 있게 되니 엄마와 아기 사이의 유대감이 폭발적으로 형성된다.

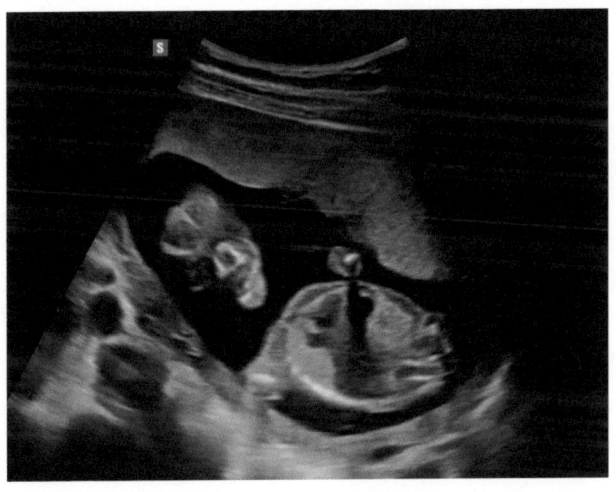

2023.10.04. 혹시, 해골이세요?

매일 같이 뱃속을 들여다 볼 수 없는 상황에서, 엄마 아빠가 궁금해 할까 아기가 먼저 "잘 자라고 있다"고 신호를 보내는 셈이니, 그저 고마울 따름이다.

그나저나 지난 주말에 부산을 다녀왔다. 우리 아기 인생 첫 부산이자 가장 멀리까지 다녀온 셈이다. KTX를 타고 왕복했는데, 2시간 반 남짓한 시간동안 앉아 있었음에도 크게 어려움은 없었다. 일상적인 활동에 제약이 없는 것을 보니 임신 안정기에 완전히 안착한 듯했다. 배가 부쩍 나오고 있어 옆에서 보기에 좀 불편하려나 싶기는 한데, 아내 말로는 임신 전과 비교해 크게 힘들지 않다고 했다. 아내가 편안해진 덕분에 내 마음도 가볍다.

아기가 세상에 나오기까지 5개월 정도 남았다. 시간이 참 빨리 간다. 우리 아내의 행복한 임신 기간을 위해 여기저기 여행도 많이 다니고, 다양한 체험도 하고, 좋은 기억 좋은 추억을 잔뜩 쌓아야겠다. 아무래도 아기가 나오고 나면 마음껏 즐기기에는 한계가 있을 터이니.

미리 알았으면 좋았을 것들

도대체 배는 왜 뭉치고, 어떻게 풀어야 할까?

 흔히 '배 뭉침'이라고 부르는 자궁 수축 현상은 임신 초기부터 출산 직전까지 매우 빈번하게, 거의 모든 임신부에게서 발생하는 현상이에요. 처음에는 아랫배가 갑자기 묵직해져서 깜짝 놀라 걱정하기도 하는데, 크게 걱정하지 않아도 돼요. 아내도 임신 중기에 배 뭉침이 자꾸 있어서 병원을 다녀 왔는데, 큰 문제 없는 자연스러운 현상이라고 했어요.

 배 뭉침은 임신으로 인해 갑자기 확 커진 자궁이 반작용으로 수축하고자 하는 성질 때문에 발생해요. 아주 당연한 일이라고 해도, 아픈 건 아픈 거니까, 어떻게 하면 배 뭉침 현상을 줄일 수 있을지 미리 알아두면 좋아요.

 자궁에 혈액 순환이 원활히 이루어지지 않으면 배가 자주 뭉친다고 해요. 배를 따뜻하게 하고 혈액 순환이 잘 되는 편안한 옷을 입어주면 좋아요. 또 다리를 꼬거나 오래 서 있거나, 무거운 물건을 짊어지고 있는 등 몸에 부담이 가는 자세를 오래 유지하는 건 아주 좋지 않아요.

 갑자기 배가 묵직하게 아프다면 편한 자세를 취하고 심호흡을 하거나 가볍게 스트레칭을 해주세요. 금방 나아져요.

19주 6일

미리 알았으면 좋았을 것들

태동하는 아기, 쓰다듬어도 될까?

엄마 뱃속의 아기는 임신 두 달쯤부터 꾸물꾸물 움직이며 자세를 바꾸고 이리저리 헤엄치기 시작해요. 이런 움직임이 겉으로 드러나면 '태동'이라 하는데, 초산모는 18~20주, 경산모는 이보다 빠른 16~17주쯤이면 아기의 움직임을 느낄 수 있게 돼요. 아내는 첫 임신이라 19주 후반에 들어 처음으로 태동을 느꼈어요.

간혹 '태동 놀이'라고 해서, 아기가 발로 차고 손으로 미는 지점을 가볍게 톡톡 치며 교감한다는 이야기를 듣는데, 과연 태동하는 아기를 자극해도 될까요? 정답은 '괜찮다'입니다.

아기가 쑥쑥 잘 자라고 있디고 임마에게 신호를 주는 태동에 적당한 자극으로 답을 하면 태아의 뇌 발달에 도움이 된다는 견해가 있어요. 절대 그럴 리 없겠지만, 엄마 배가 아플 정도로 쾅쾅 치거나 찰싹 때리는 건 금지예요.

또, 차가운 손으로 갑자기 만지면 자궁이 일시적으로 수축할 수 있으니 꼭 따뜻한 손으로 살금살금 천천히 쓰다듬고, 부드럽게 말을 걸며 교감하도록 해요. 태아가 듣지 못하고, 나중에 기억하지 못해도 뭐 어때요. 기분 좋으면 장땡이죠.

20주 4일

반환점 통과! 여행을 떠나자

지난 수요일 20주 정기 검진을 다녀왔다. 12주에 이어 두 번째 정밀 초음파 검사였다. 중기에 접어든 우리 아기의 두뇌와 위, 신장, 손가락, 발가락 등 각종 장기와 기관이 잘 자라고 있는지 검사하기 위함이었다. 주치의가 2~3분 정도 간단히 훑어보는 것과 달리 정밀 초음파 검사는 대략 15분을 넘기며 장시간 이루어졌다.

방사선사의 손짓에 따라 화면 속 아기가 이리저리 춤을 췄다. 둥글납작 계란 같은 머리는 지름 52mm, 둘레 190mm로 21주 2~5일 수준이었다. 역시 머리가 좀 크다. 두개골 속 두뇌도 제대로 형성되고 있었다. 멋진 나비 모양이었다. 몸통 둘레는 159mm로 21주에 딱 맞았다. 아직 우리 아기는 몸통보다 머리가 훨씬 큰 대두다. 다리뼈는 30mm로 19주 2일 수준이었다. 머리가 크고 다리는 짧다. 다리는 나중에 알아서 길어질 테니 아무런 걱정이 없다. 갈비뼈도 척추도 잘 나뉘어 쑥쑥 자라고 있었다.

코 뼈와 이마 뼈도 제대로 살펴봤고 안구도 잘 있었다. 하지만 얼굴이 제대로 다 만들어지지 않은 상태라 마치 외계인을 보고 있는 것만 같았다. 그래도 모니터에 비친 우리 아기가 하품도 하고 팔로 얼굴을 비비기도 하고 꼬물꼬물 움직이니 정말 귀여웠다. 참, 언뜻 보이는 아기 입술이 도톰한 것이 아내를 닮은 것 같다.

팔딱팔딱 뛰는 심장도 건강했고 혈류도 아주 잘 흐르고 있었다. 심장박동수는 분당 149회. 아주아주 건강하다. 심장 외에도 위장이나 콩팥 같이 지질하게 사리하고 있는 각종 장기도 잘 자라고 있음을 확인했다. 물론 고추도 잘 있었다. 주먹보다 작은 몸통에 온갖 장기가 다 들어서 제 역할을 하고 있다니 신기할 따름이다.

이번 정밀 초음파에서는 손가락 발가락이 아주 잘 나뉘어 있는 모습까지 볼 수 있었다. 오른발 왼발, 오른손

왼손, 각각 다섯 개씩 제대로 잘 나뉘어서 자라고 있었다. 물갈퀴처럼 보이던 게 엊그제 같은데 벌써 이렇게 됐다. 방사선사가 하나하나 화면에 화살표를 표시하며 세어주었다. 출산을 마친 엄마가 숨을 헐떡이며 "아기 손가락 발가락은 다 있나요?"라고 묻는 드라마 속 클리셰는 이제 너무 옛 것이 되어버렸다. 이제는 뱃속에서부터 진작에 다 알 수 있는 시대가 됐다.

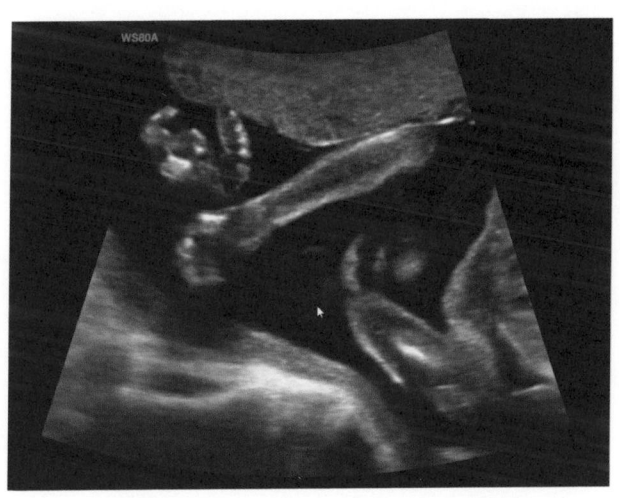

2023.11.01. 살짝 보이는 입술이 엄마를 닮았다

아내는 다음주 태국으로 여행을 떠난다. 출국에 앞서 의사에게 영문 소견서를 떼 달라고 했다. 그러자 의사는 "굳이 필요도 없는데 돈만 들고 뭐하러 떼요? 그냥 다녀오세요"라고 했다. 아주 시원한 답변이었다. 아내는 어딜 감히 임신부가 비행기를 타느냐고 혼날 줄 알았다고 했다. 쿨한 의사다. 그래도 필요할 수 있으니 소견서를 떼고, 비행 중 다리 붓기를 예방하기 위해 압박 스타킹도 구매했다. 지금까지 몰랐는데, 압박 스타킹은 의사의 허락이 있어야 살 수 있는 의료기기였다. 그렇다면 시중에 팔리고 있는 수많은 압박 스타킹은 다 효과도 없는 마케팅의 산물일 뿐이라는 말인가. 기묘하다.

세상이 많이 바뀌었다고 해도 여전히 임신부의 해외여행은 좋은 시선을 받지 못한다. 특히 아줌마들은 "굳이 애 떨어질 짓을 왜 하느냐"라며 되지도 않는 소리를 한다. 물론 땅에 두 발 딛고 서 있는 게 가장 안전하겠다만, 비행기 한 번 탄다고 아기가 어떻게 되는 것처럼 호들갑을 떠는 것도 좋지 않다. 내 뱃속의 내 새끼인데, 엄마가 괜찮다면 다 괜찮은 거다. 그런 의미에서 나는 아내가 해외여행을 가고 싶다고 했을 때 당연히 다녀오라 했다. 안전하게 무리하지 않고 다녀오는 게 조건이다. 다음 달 나랑 같이 떠나는 베트남 여행에 대비한 '테스트 비행'이기도 하다.

그럼에도 나는 '태교여행'이라는 말을 쓰고 싶지 않다. 태교를 위해 해외여행을 떠나야 한다는 말을 들으면 어쩐지 기분이 묘한 것이 영 이상하다. 본인이 그저 아기를 낳기 전에 마지막으로 해외여행을 떠나 콧바람을 쐬고 싶을 뿐인데, 괜스레 아기를 핑계 삼아 이용하는 것으로 보인다. 훌쩍 해외여행을 가려니 남편이며 시댁이며 불편한 눈초리로 볼 게 뻔하여 "태교에 좋다더라"라는 있지도 않은 소문을 악용하는 느낌이 든다. 진정 아기를 위해 태교를 하려거든 집에 누워서 편안히 쉬는 게 베스트다. 진짜 목적은 태교가 아니라 어떻게든 기회를 잡아 해외여행을 가는 데 있다는 사실을 모두가 알고 있을 터다.

한편으로 다들 태교여행 태교여행 노래를 부르는 마당에 형편이 어려워 해외여행을 가지 못하면 그 부모는 얼마나 죄책감과 박탈감에 시달릴까. 태교에 좋다는 해외여행을 못 가서 괜히 아기에게 미안한 마음이 들지도 모르겠다. 누군가의 꼼수로 시작된 일이 당연한 문화로 받아들여지는 게 좀 슬프다.

그래서 나는 태교여행이 아니라 산전 여행이라 부르고 싶다. 지금 누구보다 힘든 시기를 견디고 있는 세상 모든 임신부들이여. 남들 눈치 보지 말고, 누가 뭐라 하든, 즐겁고 건강하고 행복한 산전 여행 다녀오시라.

21주 0일

배려석이요? 없는데요?

나는 요즘 지하철을 탈 때마다 인간에 대한 막연한 혐오를 느낀다. 동료 시민에 대한 실망감이라고도 할 수 있다. 배 나온 임신부가 앉아야 할 '임산부 배려석'에 누가 보아도 임신부가 아닌 사람이 떡하니 앉아 있는 모습을 거의 매일과 같이 목도하기 때문이다.

화장을 고치는 젊은 여성부터 세월의 흔적이 고스란히 드러나 보이는 할머니들, 다리를 쩍 벌리고 앉아 명상에 잠긴 아저씨와 모바일 게임에 푹 빠진 젊은 남성까지. 남녀노소 가릴 것 없이 임산부 배려석을 깔고 앉아 있다.

이들은 자리를 양보할 생각이 없다. 임산부가 나타나

기 전까지 잠시 앉아 가고 싶은 마음이었다면, 역에 정차할 때마다 임신부가 타는지 안 타는지 살폈을 터다. 그러나 누구 하나 아니랄 것 없이 고개를 처박고 자기 할 일에 몰두하고 있다. 개중에는 '비켜 줄 생각 없음'을 전면에 드러내기라도 하듯 이어폰을 낀 채 눈을 감고 있는 사람도 있다. 이런 모습을 볼 때마다 우리가 같은 세상을 살고 있는 동료 시민이 맞는지 의심스럽고 인간에 대한 기대가 땅으로 떨어진다.

"그냥 서서 갈게". 내가 임산부 배려석에 앉은 아저씨 아줌마에게 양보를 부탁해 보겠다 하면 아내는 손사래를 친다. "임신이 무슨 유세냐"라는 소리를 들을까 무섭다고 한다. 배려를 하라고 만든 자리에서 배려를 받아 마땅한 사람이 반대로 눈치를 살핀다. 참으로 안타까운 현실이다.

그래서 세어봤다. 임산부 배려석을 깔고 앉은 욕심쟁이가 얼마나 많은지, 과연 배려가 남아 있기는 한지 세어봤다. 대략 한 달간 평일 출퇴근 시간과 주말 외출 시간에 지하철과 버스를 이용하며 임산부 배려석 현황을 나름대로 추렸다. 임산부 배려석에 앉아 있는 사람을 눈으로 판단하여 성별과 연령대를 나누어 정리했다.

그리하여 한 달간 마주한 임산부 배려석은 총 106석. 그 중 빈자리는 겨우 20석에 그쳤다. 그마저도 20석 중 8석은 주말 오후 시간대에 발견한 것이었다. 거칠게 어림잡아 수치를 해석해 보자면, 매일 지하철을 타고 출퇴근 하는 임신부는 81% 확률로 서서 가야 한다는 뜻이다. 전체에서 빈자리 20석을 뺀 86석 중 신체적 특징과 '임신부 배지' 착용 여부를 근거로 명확히 임신부라고 판단

2023.11.08. 배려가 필요해요

되는 사람은 8명이었다. 나머지 78명은 정말 말 그대로 '그냥' 앉아 있었다.

그럼 도대체 누가 임산부 배려석에 앉는 것일까. 성별과 연령대로 나누어 통계를 내 본 바, 영예의 1위는 18명으로 23%를 기록한 '30대 여성'이 차지했다. 이어서 '50대 여성'이 16명으로 21%, '60대 여성'이 12명 15%, '70대 여성'이 11명 14%로 뒤를 이었다. 30대 여성은 가임기의 한복판에 있으므로 겉으로 드러나지 않더라도 임신했을 가능성이 있기 때문에 이들을 제외하고 다시금 비율을 계산한다면, 50대 이상 여성이 전체의 75%를 차지한다. 물론 50대 이상 여성이라고 무조건 임신부가 아닐 것이라 단정할 수는 없지만, 나의 편협한 편견 그리고 의학적 관점에서 보건대, 이들이 임신했을 가능성은 매우 희박하다. 따라서 이들은 '그냥' 앉은 것이다.

임산부 배려석에 앉은 78명 중 90%인 70명이 여성이었다. 연령대를 불문한다. 임신 출산 어플리케이션이나 인터넷 맘 카페에서 '배려석' 얘기만 나오면 "여자의 적은 여자다"라는 불만이 쏟아지는데 다 이유가 있었다.

임산부 배려석은 결국 '여성 전용 좌석'이 됐다. 좌석

색상 자체가 너무나도 쨍한 분홍색이다 보니, 어지간히 뻔뻔한 사람이 아니고서야 남성이 임산부 배려석에 앉는다는 건 꽤나 용기가 필요한 일이다. 남성은 전체의 10%를 차지하는 8명이었으며, 인원이 너무나도 적어 해석하는 자체가 무의미하지만, 이들 중 다수는 50대였다.

이쯤 되니 여성이 모든 문제의 원인이다 싶은가? 그렇다면 잠시 진정하자. 나는 결코 임산부 배려석을 두고 성별을 가르거나 세대를 가르자고 이 글을 쓰는 게 아니다. 사회 전반에 걸쳐 배려와 연민의 정서가 희박해지고 있음을 지적하고 싶을 뿐이다. 이를 설명하기 위해 수집한 사례에 유독 여성이 많이 잡힌 건 임산부 배려석이 갖는 특성 때문이지 이들이 여성이기 때문만은 아니다.

남자든 여자든 우리는 모두 본인이 임신을 경험하거나, 임신한 배우자를 돌보거나, 아니면 적어도 고생하는 임신부를 보고 연민을 느낄 수 있는 최소한의 지성을 갖춘 인간이다. 그런데 왜 대중교통만 타면 이렇게 뻔뻔한 존재가 되어버리는 것일까. 그저 인간 본연의 이타심에 맡기면 '타인을 배려하는 사회'가 뚝딱 만들어지리라 기대한 것이 잘못일까.

비혼과 비출산이 유행처럼 번지다 보니 임신과 출산을 경험하는 인구가 너무나도 줄었고, 임신부에 대한 배려가 필요하다는 사실에 공감하는 마음조차 사라지고 있다. 나 역시도 아내가 임신하기 전까지만 해도 임산부 배려석이 왜 필요한지 공감하지 못했고, 이는 대표적인 전시행정이자 '소수'를 배려하기 위해 '다수'가 희생해야 하는 '실패한 정책'으로 치부했었다. 인간은 역시 직접 경험하지 않고서는 아무것도 모르는 한낱 무지렁이에 불과하다.

나라에 아기가 없으니 젊은이들이 어서어서 아기를 많이 나아야 한다고 공염불하는 시대다. 60대 70대 이상 노년층이 임산부 배려석에 떡하니 앉아서는 "도대체가 요즘 젊은이들은 애를 안 낳아서 탈이다!"라고 혀를 끌끌 차는 시대다. 남녀노소 가릴 것 없이 그저 말만 낳을 뿐 실천은 없다.

지하철에 자리 하나 비워두는 것조차 못 해먹겠다고 징징거리는 공동체라면, 그냥 지독한 저출산에 시달리다 소멸하는 게 분수에 딱 맞는 결말일지도 모르겠다.

남편이 쓰는 임신수첩
김호진 에세이

넷

만남을 준비해

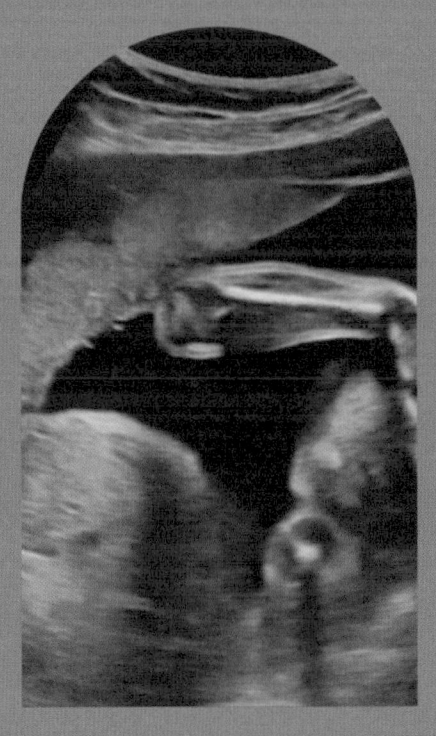

남편이 쓰는 임신수첩
김호진 에세이

21주 2일

딸꾹질과 태아보험

 21주에 접어들어 태동이 점점 강해지고 있다. 아내는 이제 가만히 앉아 있을 때 뿐만 아니라, 걷고 있을 때도 간헐적으로 태동을 느낀다. 저녁식사를 할 때가 가장 강렬한데, 아무래도 맛있는 음식이 들어가니 반응이 즉각적으로 오는 것 같다. 이렇게 보면 다 큰 어른이나 뱃속의 아기나 맛있는 음식을 좋아하기는 매한가지다.

 그러던 어느 날 저녁을 먹고 잠시 쉬던 아내가 빨리 와 보라 하기에 무슨 일인가 싶어 달려가니, 아기가 딸꾹질을 하고 있었다. 아내가 어서 배를 만져보라며 내 손을 끌어 배에 딱 대니 딸꾹 딸꾹 규칙적인 박자로 아기가 꿀렁꿀렁 움직였다. 여태껏 나는 태동을 한 번도 느낀 적이 없었는데, 처음 맛 본 태동은 생각보다 확실했다. 모를 수가 없었다. 누군가 손가락으로 내 손바닥을 꾹 누르는 느낌이라고 하면 대충 설명이 되려나. 아내는 이걸 뱃속으로 매일 같이 느끼고 있다니. 손바닥에 전해진 감촉은 아주 작고 앙증맞았지만, 감동은 무엇보다 컸다.

아내는 돌연 "아빠와 아기가 닿았다니 너무 감격스럽다"라며 눈물을 찔끔 흘렸다. 지난 주말에 다녀온 내 지인 결혼식에서도 훌쩍훌쩍 울더니, 임신을 하고부터 꽤나 눈물이 많아졌다. 작고 귀여운 아기와, 사소한 것에도 감동하는 아내를 위해 내 한 몸 불살라야겠다는 의지가 불끈 솟았다.

그나저나 아기가 딸꾹질을 한다니 참 신기한 일이다. 엄마 뱃속에서 둥실둥실 떠다니며 행복한 시간을 만끽하고 있을 태아가 딸꾹질을 한다고? 아무렴 태아도 인간이다 보니 당연히 딸꾹질을 한다. 아기는 엄마 뱃속에서 태반을 통해 호흡을 하는데, 횡격막의 갑작스러운 수축이나 기타 원인으로 인해 딸꾹질을 한다. 이는 어른의 딸꾹질과 같은 원리다. 간혹 일반적인 태동과 달리 반복적으로 배를 걷어차는 듯한 느낌이 든다면, 그게 바로 딸꾹질이다. 아기의 호흡계와 신경계가 제대로 발달하고 있다는 것을 의미하는 바이니 걱정하지 않아도 좋다.

    태아보험을 들었다. 임신 중기에 접어들어 이런저런 검사가 늘었고, 아기가 성장함에 따라 다양한 위험을 고려하게 됐다. 슬슬 조산에 대한 우려도 시야에 들어오기 시작했고, 출산 과정에서 발생하는 어려움이나, 출산 이후에 겪을 문제들에 대해 대비해야 할 필요가 생겼다.

    다행히도 지인 중에 보험설계사가 있었다. 각종 보험을 한 번에 훑어보고 최적의 플랜을 제시하는 일을 한다고 하는데, 설명을 들어도 잘 모르겠다. 그저 내가 아는 사람 중에 가장 보험에 대해 박식한 친구라 맡기기로 했다. 일단은 모두가 가입하는 '현대해상 굿앤굿 어린이종합보험'을 선택했다. 먼저 설계사 친구가 가장 기초적이고 보편적인 구성으로 담보를 설정해 줬다. 이후에 뽑아 준 제안서를 바탕으로 인터넷 검색을 통해 비교한 뒤 '진짜' 필요한 것만 남기고 삭제하기로 했다.

    보험 제안서를 보고 있자니 보험사가 얼마나 똑똑한지 알게 됐다. 보험 담보 즉 '이런 일이 있으면 이만큼 돈을 줄게요'라는 계약사항은, 보험사 입장에서 볼 때 딱히 손해 보지 않는 구조다. 계약자는 이를 잘 파악하고 본인에게 유리하도록 고민해야 한다. 상해만 하더라도 '일반' 상해인지, 예를 들어 주말에 대중교통을 이용하던 중 교통사고를 당해 발생한 상해와 같이 '특별한' 상해인지 구석구석 잘 살펴보아야 한다. 또 뇌질환이나 심장질환도 질환별 코드가 나뉘어 있어서 하나하나 세분화된 녀석을 고르기보다, 포괄적으로 한 번에 보장하는 담보를 고르는 게 유리하다고 한다. 혹시나 싶어 말하지만 나는 보험설계사가 아니다. 보험은 각자의 사정에 맞춰 꼼꼼하게 따진 뒤 전문가를 통해 적절하게 가입하도록 하자.

    나와 아내는 정말 필요한 담보만 골라 20년 납 30세 만기로 구성하기로 했다. 100세 만기도 가능한데, 미래에는 자산 가치가 달라져 보장하는 금액으로 치료가 불가할 수도 있고, 아기가 성인이 되어 사회생활을 할 때쯤 본인이 원하는 구성으로 보험을 재설계할 수 있게끔 하기 위함이었다. 20년 납 30세 만기라는 말은, 20년 간 납부하면 이후 10년간은 보험료를 내지 않아도 효력이 유지된다는 뜻이다. 그리고 나중에 가서 꼭 필요한 담보라 이걸 평생 가져가야겠다는 생각이 들면 '계약전환제도'를 이용해 100세 만기로 조정할 수도 있다.

보험 담보를 검토하던 중 알게 된 재미난 이야기가 있다. 보통 상해 수술이라고 하면 일상생활 중에 발생한 상처에 대한 모든 수술을 아우른다고 생각하기 쉽다. 그러나 예를 들어, 길을 가다가 넘어져서 무르팍을 찢어먹었을 때 바늘로 꿰매는 '창상봉합술'과 같은 경우는 수술로 치지 않는다. '술'로 끝나는데 수술이 아니라니 도통 영문을 모르겠으나, 전문가 집단인 보험사에서 그렇게 정했다니까 그런가 보다 한다.

그래서 가벼운 봉합수술까지 담보를 추가할 것이냐 말 것이냐 딜레마에 빠지게 되는데, 답은 비교적 간단하다. "아들이면 추가하라". 딸은 아들에 비해 얌전하게, 본인이 다치지 않을 정도로만 논다. 그러나 아들은 다르다. 올라갈 수 있는 곳에는 전부 올라가고, 올라갔다 하면 무조건 뛰어내린다. 뛰어내려도 괜찮은지 어떤지는 고려 대상이 아니다. 그저 기어오르고 뛰어내리는 매커니즘이 전부다. 높고 위험한 곳에서 아슬아슬 뛰어놀고, 자전거도 스케이트도 무조건 빠르게 타고 정신이 아득해져야만 즐겁다. 까딱 잘못하면 크게 다칠 수도 있지만, 이런 모든 행위를 도무지 참을 수 없게끔 DNA가 설계되어 있다.

돌이켜 보면 초등학교 시절 같은 반 남자아이들 중 한두 명은 무조건 깁스를 하고 있었고, 여기저기 깨져서 몇 바늘을 꿰맸네 어쩌네 하는 소리가 마치 영웅담처럼 들렸다. 내가 얼마나 위험하게 노는지, 내가 얼마나 용감하게 노는지 떠벌리기 위해 진짜로 위험하고 용감하게 논다. 그러니 아들이라면 봉합수술까지 담보에 넣도록 하자. 다시 한 번 강조하지만, 아들은 다르다.

미리 알았으면 좋았을 것들

세상만사 마음대로 되는 게 아니니까

임신 중반을 넘어가면 슬슬 보험을 들어야 하나 고민이 들기 시작해요. 태아의 움직임이 강해지고 각종 검사에 온갖 증상이 겹치다 보니 마음이 불안해져서 보험을 찾게 돼요.

보험을 들려거든 꼭 22주 이내에 가입하도록 해요. 대부분 태아보험에 임신 출산 관련 특약을 붙여서 혜택을 보장받고자 하는데, 임신 확인 후 22주가 지나면 이런 특약을 붙일 수 없어요. 특약을 넣지 못하면 선천성 질환에 대한 보장 역시 빠지게 돼서 '혹시 모를 사태'에 대비할 수 없어요. 그리고 태아보험은 아기가 태어난 후 1년이 지나면 어린이보험으로 자동 전환되니 두 번 챙길 필요가 없어서 아주 간편해요.

보험은 금액을 많이 보장 받을 것이냐, 다양한 종목에서 보장을 받을 것이냐에 따라서 손해보험 또는 생명보험으로 나뉘어요. 이건 각자 취향의 문제니까 적절히 고민해 보고 결정하도록 해요.

사실 보험은 전문가가 아니면 도통 무슨 말을 하는 건지 알기 어려워요. 설계사의 말에 현혹되지 말고, 잘 따져보고 금전적 부담이 없는 선에서 합리적으로 잘 선택하는 게 중요해요.

22주 2일

비상상황을 대처하는 자세

아내가 다쳤다. 지난 태국 여행에서 사 온 커틀러리를 정리하던 중 날카롭게 날이 선 버터 나이프에 손을 푹 찔렸다. 악 소리도 내지 못할 정도로 갑작스러운 상처에 아내는 놀라기보다 오히려 멍했다. 피가 너무 많이 났다. 닦아도 닦아도 피가 새어나왔고 어찌할 바를 몰랐다. 우선되는 대로 흐르는 물에 피를 씻어내고 환부를 소독한 뒤 밴드로 둘둘 감았다. 밴드 거즈는 금세 빨갛게 물들었다.

서둘러 집 근처 응급실을 찾아보았다. 걸어서 갈 만한 곳이 하나, 어디서 많이 들어본 브랜드 병원 하나. 밤 11시에 가까운 늦은 시간에, 어차피 걸어갈 기력도 없으니, 서둘러 택시를 타고 어디서 들어본 브랜드 병원의 응급실로 향했다. 임신한 아내의 손에서 피가 줄줄 흐르는 마당이라, 이 정도 상처를 가지고 응급실까지 가도 되는지 어떤지 판단할 겨를이 없었다. 불안을 겉으로 드러내지 않으려 최대한 침착한 척 했으나 다급한 마음을 억누를 수는 없었다.

아내는 겉으로 보아 놀라지도 당황하지도 않았는데, 택시 안에서 내내 다리를 덜덜 떠는 것을 보니 드러나지 않는 걱정이 이만저만이 아닌 것 같았다. 혹시 자기가 너무 놀라서, 피가 많이 나서, 아기에게 안 좋은 영향이 있으면 어쩌냐고 중얼거렸다. 동남아에서 사 온 버터 나이프가 오염되어 있으면 어쩌나, 파상풍 주사는 언제 맞았더라, 중얼중얼. 이 정도는 큰 일이 아니라는 걸 알면서도, 뱃속에 아기가 들어 있으니 불안함 뒤에 불안함이 따라붙는 형국이었다.

우습게도 우리가 찾은 병원 응급실은 '화상 전문'이었다. 열려 있는 입구로 들어가니, 야간 경비를 서고 있던 수위로 보이는 연세 지긋한 아저씨가 "화상 환자세요?"라고 물었다. 손가락을 깊이 베어 피가 많이 났다고 설명하니, 화상 전문 응급실이기 때문에 봐줄 수 없다는 답이 돌아왔다. 허탈했다. 비상상황에 대처하는 능력이 이렇게나 떨어진다니. 이제 곧 아버지가 된다며 들떠 있던 내가 세상 제일 가는 바보 같이 느껴졌다.

하는 수 없이 편의점 상비약 코너를 털어 이것저것 필요한 물품을 손에 든 채 다시 집으로 돌아왔다. 그나마 다행히도 집에는 언제 사두었는지도 모를 정도로 오래된 각종 연고와 밴드 그리고 아내가 해외여행을 갈 때 사두었던 빨간약이 있었다. 재차 흐르는 물에 환부를 씻고 빨간약으로 톡톡톡 소독한 뒤 연고를 바르고 도톰한 거즈 형 밴드로 마무리했다. 아내가 이동하는 내내 상처를 꼭 누르고 있던 덕에 피는 어느 정도 멎어 있었다. 바늘과 피가 무서워 채혈 검사하는 게 세상에서 제일 싫다던 우리 아내가 의외로 담담하게 잘 대응하는 걸 보니, 새삼 이 사람과 결혼하기를 참 잘했다는 생각이 들었다. 비상한 상황에 있어서 만큼은 불안을 겉으로 드러내지 않는 단단함. 이 사람과 함께라면 어떤 역경도 이겨낼 수 있지 않을까 하는 막연한 든든함이 느껴졌다.

집안에 임산부가 있다는 건, 언제든 비상상황이 발생할 수 있다는 것을 의미한다. 이번과 같이 날카로운 물건에 찔리거나 베이는 건 얼마든지 매일 매 순간 발생할 수 있는 일이고, 막말로 몸이 무거워진 탓에 욕실에서 미끄러질 수도 있다. 모든 상황에 내가 하나하나 대처할 수는 없는 노릇이지만, 그래도 최소한의 대비는 해두어야 마음이 편할 것 같다.

2023.11.13. 미리미리 준비하면 걱정이 없다

먼저 상비약을 새로 챙겨두기로 했다. 구급상자를 어떻게 구성하면 좋을지 다양한 정보를 찾아보았다. 약사가 추천하는 무엇무엇, 생존 전문가가 갖추고 있는 응급 키트, 일본의 지진 재난 대응 배낭까지. 무엇이 어떻게 정확하게 작용하는지, 우리에게 알맞게 필요한지 고민할 시간이 필요했다.

그러다 '국민재난안전포털'을 발견했다. 각종 재난과 안전에 관한 정보를 제공하는 행정안전부 홈페이지다. 해당 페이지에 따르면 가정용 비상약품은 간단히 세 가지로 나누어진다.

우선 소독제, 해열진통제, 소화제, 지사제, 화상연고, 지혈제, 소염제 등 의약품이 있고, 다음으로 핀세트 및 가위 등 의료기구, 마지막으로 붕대, 탈지면, 반창고, 삼각건 등 위생재료가 그것이다. 지금 우리 집에 갖춰진 것들과 크게 차이가 나지 않지만, 붕대나 핀세트, 위생가위, 화상연고 등 평소에 생각하지 못했던 요소들을 알 수 있었다. 세부 제품명까지는 알 수 없었지만, 가까운 약국에서 상담한 후 우리 집안 상황에 맞춰 특히 임산부도 복용 및 사용할 수 있는 제품으로 새로 갖추었다.

다음으로 집 주변 의료기관을 확인해 두기로 했다. 다음번에 또 비상상황이 발생했을 때, 이번처럼 마음만 급해서 얼렁뚱땅 헛걸음하지 말라는 법은 없다. 작은 사고로 발생한 문제도, 크게 아픈 일이 있더라도, 혹여 뱃속 아기의 문제가 발생했을 때도, 당황하지 않고 병원에 찾아갈 수 있도록 리스트 업을 해두어야 한다. 나는 '응급의료포털'의 응급실 찾기 페이지를 참고했다.

해당 포털에서는 응급실은 물론이고 야간진료를 보는 외래병동이나 야간 약국, 자동심장충격기 위치 등 위급상황에 대처하기 위한 다양한 정보를 간편하게 알려준다. 해당 홈페이지에 있는 정보로 충분할 수도 있겠지만, 혹여 걱정이 된다면 각 병원에 문의하여 어떤 응급상황까지 대처할 수 있는지 간단히 정보를 취합해 두는 것도 좋겠다.

아빠가 된다는 것, 부모가 된다는 것은 우리 집안에 발생한 모든 비상상황에 대처할 수 있는 능력을 기르는 것이라는 생각이 들었다. 집안을 이끌어가는 부모는 크고 작은 사건사고는 물론이고 각종 결정을 처리함에 있어서 당황하지 않고, 많은 정보와 사고를 빠르게 처리하여 올바른 판단을 내려야 한다. 집안이 회사라면 나와 우리 아내는 CEO이고, 정부라면 대통령이다. 막중한 책임감이 따른다.

어찌 보면 정말 작은 베임 상처에 불과한 이번 사건으로 인해, 부모로서의 마음가짐, 아빠 그리고 집안의 책임자로서 짊어져야 할 의무가 새삼 무겁게 다가왔다. 곧장 부모가 될 판인데, 넋 놓고 헤벌쭉 하고 있다가 머리를 한 대 쾅 맞은 기분이라고나 할까. 작은 상처를 두고 막연한 호들갑을 떠는 것이어도 좋다. 우리 가족 모두가 행복하고 건강한 매일을 보낼 수 있도록 만반의 준비를 다해야겠다. 아무리 작은 일이라도 유비무환이다.

24주 4일

임신성 당뇨를 주의하라

임신 24주를 맞아 임신성 당뇨 검사를 하고 왔다. 흔히 '임당'이라고 불리는 임신성 당뇨는 전체 임산부 중 5~10%가 겪는 비교적 흔한 임신 합병증이다. 삼성의료재단의 미즈메디병원이 2012년부터 2021년까지 10년간 임신성 당뇨 선별검사를 분석한 결과 총 27,127명 중 7%에 해당하는 1,744명이 임신성 당뇨병으로 진단됐다. 임신성 당뇨는 당뇨병 관련 가족력이 있거나 노산 또는 과거 병력 등 다양한 원인에 의해 발병한다.

요즘에는 모든 임신부를 대상으로 24~28주 사이에 50g의 당 부하 검사를 실시하여 임신성 당뇨를 판별하고 있다. 우리 아내도 역시 똑같은 방식으로 검사를 진행했다. 임신성 당뇨라는 단어는 꽤 무섭게 들리는데, 적절한 치료를 받으면 정상인과 별 차이 없이 출산을 할 수 있다. 다만 치료가 큰 효과를 보지 못하거나 상태가 악화될 경우는 위험하다. 자궁 내 태아 사망 위험도가 증가하고 거대아 출산의 가능성 역시 올라간다. 출산 이후에도 일반적인 당뇨로 진행할 확률이 절반이 넘고 인슐린 치료를 지속적으로 받아야 할 수도 있다. 정말이지 이름만큼 위험하고 무서운 병이다.

말만 들어도 무시무시한 임신성 당뇨. 아내 역시 '임당'의 늪에 빠지지 않기 위해 각고의 노력을 거듭했다. 임신 초기에는 입덧으로 고생하느라 당분 가득한 과일과 디저트를 입에 달고 살았는데, 중기에 접어들고는 꽤 입맛이 단조로워졌다. 정해진 식사만 하고 후식이나 간식도 양이 많이 줄었다. 스스로도 "임당에 걸리면 안된다"라고 되뇌며 건강한 임신 기간을 보내기 위해 의식적으로 조절하는 모양이었다. 지난밤 급격히 찾아온 '옥동자' 아이스크림과 '노티드 도넛'의 유혹을 견디며 임신성 당뇨 검사 패스만을 기도했다.

당뇨 검사 당일에는 검사 3시간 전부터 금식이다. 당뇨 검사를 위한 시약을 먹어야 하는데, 시약 복용 전 2시간 이상의 공복을 유지해야 하고, 약을 복용한 이후 검사 실시까지의 1시간은 물을 포함해 어떠한 음식의 섭취도 금지다. 아내는 퇴근 후 저녁 7시에 검사 예약을 잡아두었기 때문에 오후 4시부터 금식에 들어갔다.

당뇨 검사용 시약은 그저 달달하다고 했다. 그 맛이 흔히 바나나우유 혹은 오렌지주스 정도로 묘사되던데, 아내 말로는 그냥 설탕물이라고 했다. 아무렴 포도당으로만 이루어진 녀석이다 보니 별다른 맛은 없을 것 같았다. 몇 시간이고 입과 배를 비운 뒤 갑작스레 달달한 시약을 들이키니 입이 텁텁해졌지만, 혹시나 싶어 양치는 하지 않기로 했다. 물도 못 먹게 하는데 양치하다가 물을 꿀꺽 삼키면 어쩌나 하는 마음에서였다.

검사는 달리 할 게 없었다. 소변검사와 채혈이 전부. 바늘도 피도 무서워하는 우리 아내는 그간 몇 번의 채혈을 겪었음에도 여전히 바늘을 무서워했다. 채혈을 위해 왼쪽 팔을 내어주고는 아무것도 없는 벽에 시선 고정이다. 손끝이 파래졌네 차가워졌네 호들갑 떠는 것도 여전했다. 분명 칼에 손을 베었을 때는 누구보다 냉철하게 반응했는데, 어쩐 일인지 채혈만 하면 호들갑 치와와가 되어버린다. 희한한 매력이 있다.

이런저런 검사를 끝내고 의사와의 상담과 초음파 검사를 했다. 아기는 아주 꾸준히 잘 자라고 있었다. 초음파 영상으로 만난 아기는 반갑다는 듯 열심히 팔다리를 휘적휘적 움직였고 입도 벙긋벙긋 거리고 때로는 하품을 하기도 했다. 아기의 몸무게는 대략 762g. 실한 대석 자두 한 알이 100g 내외이니 큰 자두 일고여덟 개, 한 소쿠리 정도 되는 무게다. 꽤나 묵직해졌다.

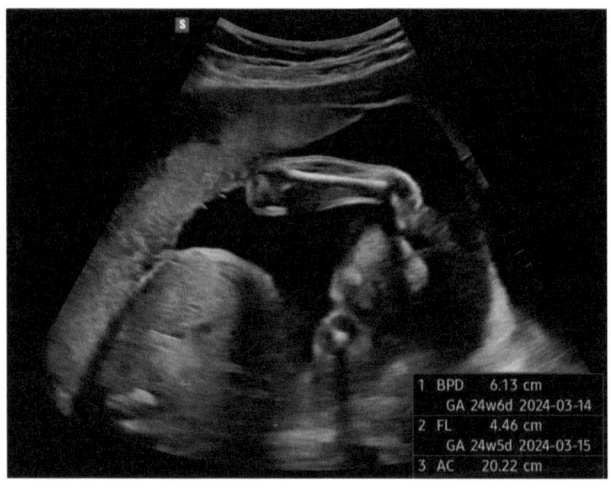

2023.11.29. 쑥쑥 자라고 있어요

머리 크기는 6.13cm로 24주 6일 수준이었고, 몸통 둘레는 20.9cm로 25주 1일 수준이었다. 허벅다리 뼈 길이는 4.46cm로 24주 5일이었고, 분당 심장박동 수는 156회. 손가락 발가락 역시 잘 자라서 꼬물꼬물 바쁘게 움직이고 있었다. 여러모로 모든 요소가 쑥쑥 잘 자라고 있다. 아침이며 밤이며 가릴 것 없이 엄마 뱃속에서 우당탕탕 거리는 탓에 잘 자라고 있다는 건 이미 알고 있었지만 영상으로 보며 각종 수치로 성장세를 확인하니 새삼 부쩍 자랐다는 느낌이 들었다.

의사와의 상담에서 아내는 "가끔 태동이 느껴지지 않을 때가 있다"라고 물었다. 의사는 "그냥 못 느끼는 거다. 하루 종일 아예 아무런 느낌이 없다면 그때는 문제지만, 자기 전에 느껴지는 거면 아무런 문제가 없다"라고 일축했다. 날마다 태동의 세기가 다르다고 물으니, 의사는 앞으로 점점 매일매일 더 강하게 태동이 느껴질 거라고 설명했다. 이미 쉴 새 없이 움직이는 모습이 초음파에서 확인됐으니 걱정할 것 없단다.

검사를 끝내고 집에 돌아와 식사를 마친 뒤 아내는 침대에 누웠다. 배부르게 식사를 하고 저녁 9시쯤 되면 누워 지내는 게 일상의 루틴이다. 하지만 오늘은 편히 눕지 못했다. 뱃속의 녀석이 "태동이 약하다고?"라고 시위를 하는 양 엄마 뱃가죽을 뻥뻥 차는 게 아닌가. 당뇨 검사를 위해 먹었던 달콤한 시약의 효과가 나타난 것일까. 아내도 놀라 어머 어머 소리를 연발했고 나에게 만져보라며 내 손을 서둘러 끌어당겼다. 아내의 배 안에서부터 느껴지는 우리 아기의 발길질은 거셌다. 이쪽 저쪽 가릴 것 없이 연신 움직였다. 얕봐서 미안하다.

    태동이 활발하면 태어난 이후에도 활동량이 대단하다던데 벌써부터 걱정이다. 안 그래도 의사가 초음파를 보며 "태동 엄청 세게 하겠네, 딱 보니까 그렇다"라고 했는데, 큰일이다. 아무렴 건강한 게 최고라고는 하나 우당탕탕 망아지 같은 녀석이라면 이야기가 다르다. 아들아, 엄마 힘들게 하지 마라. 그리고 가능하면 나도 힘들게 하지 말아 다오.

26주 6일

출산 전 해외여행 그리고 코골이

지난주 이른 겨울 휴가를 다녀왔다. 목적지는 베트남 푸꾸옥. 기간은 4박 5일. 아기가 태어나기 전 마지막으로 다녀오는 아내와 나 둘만의 해외여행이있다. 물론 뱃속의 아기와 떠나는 첫 해외여행이기도 하다. 신혼여행 이후 처음 해외로 나가는 길이라 마음이 두근두근 들떴다.

푸꾸옥은 참 좋은 곳이다. 별이 다섯 개 여섯 개 붙은 최고급 호텔과 리조트를 저렴한 가격에 이용할 수 있고, 전문적으로 교육받은 직원들의 훌륭한 응대를 받을 수 있다. 리조트의 부지 자체가 굉장히 넓어서 그 많은 여행객들이 다 어디 갔는지 마주치는 일이 드물었고, 넓은 수영장을 둥둥 떠다니며 평온한 시간을 보낼 수 있었다. 산전 해외여행을 고민하는 부부라면 푸꾸옥을 꼭 추천하고 싶다.

아내와 나는 여행 스타일이 다르다. 아내는 할 수 있는 모든 것을 일정에 넣고 아무리 힘들어도 다 소화하는 타입이다. 일정을 빽빽하게 채우고 짧게라도 모든 활동을 즐기고자 한다. 반면에 나는 아무것도 하지 않는 타입이다. 진짜로 말 그대로 현지 호텔에서 굴러다니며 낮잠을 자도 좋고 그저 멍하니 앉아만 있어도 충분하다.

푸꾸옥은 우리의 니즈를 충족하기에 딱 좋았다. 그다지 할 게 많지도 않으며, 그렇기에 모든 걸 다 한다 해도 바쁘지 않고, 느긋하게 수영하고 앉아 쉬기에도 훌륭했다. 해야 할 것을 다 하면서도 충분히 쉬다 올 수 있고, 그럼에도 아쉬움이 남지 않는다니. 지상낙원이 따로 없다

여담으로 푸꾸옥에는 아이들이 많았다. 공항에도 비행기에도 현지에 가서도 곳곳에서 아이들을 볼 수 있었다. 석 달 뒤면 아들이 나오는 마당이라 자연스럽게 눈과 귀가 이끌렸다. 아들을 키우는 부모는 한국에서나 해외에서나 똑같았다. '하지 마' '멈춰' '뛰지 마' '이리 와' '그

만'. 천둥벌거숭이가 되어 이리 뛰고 저리 뛰고 매달리고 눕고 난리 법석을 부리는 아들을 통제하기에 여념이 없었다. 대여섯 살쯤 된 저 작은 녀석이 다 큰 어른 둘을 쩔쩔매게 만든다니. 곧 만나게 될 나의 미래일까.

우리 아들은 제발 얌전하게 태어나길 바랄 뿐이지만, 아들은 '짐승의 단계'를 필연적으로 거치는 법이기에 큰 기대는 하지 않기로 했다. 나 역시도 똑같이 난리를 피우며 자랐을 터다.

2023.12.06. 지상낙원에서 보내는 휴가

그나저나 요즘 아내의 코골이가 대단하다. 원래도 머리만 닿으면 잠드는 타입이라 숙면의 왕 중의 왕이었는데, 요사이에는 잠들고 2~3분만 지나면 곧장 코를 골기 시작한다. "잘 자"라고 인사하고 돌아누워서는 밤새 대차게 코를 곤다. 나는 항상 아내보다 늦게 잠들기 때문에 아내가 어떻게 자는지, 뒤척이지는 않는지, 별다른 징후는 없는지 살펴보곤 한다. 그러던 중 최근 몇 주 전부터 코골이가 심해졌다는 점을 알아챘다.

임신 중 코골이는 굉장히 흔하게 발생하는 현상이다. 뱃속의 아기를 키우기 위해 평소보다 식사량이 증가하고 자연스럽게 체중이 는다. 당연히 목 주변에도 지방이 붙게 되고, 잠자리에 들었을 때 이 지방들이 기도를 압박한다. 또한 아기가 점점 자라나면서 복부, 횡격막, 기도에 압력이 증가하는 것도 이유 중 하나다. 보통 자는 중에 코를 골면 스스로 자연스럽게 자세를 바꾸며 편안한 호흡 자세를 찾게 되는데, 임신부는 홀몸이 아니기 때문에 가볍게 뒤척이는 것도 몸을 틀어 자세를 바꾸는 것도 쉽지 않다. 한 번 시작했다가는 그저 밤새 코를 골 뿐이다.

다만 임신 중 코골이는 산소 공급이 원활하지 않다는 걸 의미하기 때문에 임신 중독증으로 이어질 우려가 있다. 모체 내부에 산소 공급이 제대로 이루어지지 않는다면, 이는 당연히 뱃속 태아에게도 좋지 않은 영향으로 연결된다. 실제로 임신 중 코골이는 임신부의 고혈압 위험을 높이고 태아의 성장을 지연시킬 수 있다고 한다. 대부분 별다른 위험요소 없이 지나가기 때문에 크게 걱정할 것은 아니지만, 언제나 최악의 상황을 알아두고 대비할 필요는 있겠다.

그나마 다행인 점은, 아내가 매일 아침 개운하게 일어난다는 것이다. 밤새 그렇게 코를 골고 뒤척였음에도 불구하고 매일 아침 정해진 시간에 알람도 없이 벌떡 일어난다. 하늘이 무너져도 잘 자는 아내, 정말 대단한 재능의 소유자다.

미리 알았으면 좋았을 것들

임신부도 여행 가고 싶다!

임신은 꼬박 열 달이 걸리는 과정이니만큼, 필연적으로 여름 혹은 겨울 휴가가 겹치게 돼요. 이러면 "임신 중에 여행을 가도 되나" 싶은 마음이 들 수 있는데, 걱정 말고 잘 다녀오세요. 사실 휴가철이 아니더라도, 임신부도 똑같은 인간인데, 저 멀리 여행 갔다 오고 싶은 마음이 드는 게 당연해요.

다만 임신부는 일반 성인에 비해 몸이 아주 약하기 때문에 철저히 준비하고 여행을 떠나야 해요. 특히 여름철에는 고온의 환경에 오래 노출되면 탈수 증상에 빠지기 쉬우니, 충분히 휴식할 공간이 있고, 수분을 원활하게 공급할 수 있는 곳에서 여행을 즐기도록 해요. 한겨울 역시 너무 찬 공기를 많이 쐬면 자궁이 수축하고 감기에 걸리기 쉬우니 주의해요.

임신 초기에는 조산의 위험이 있고, 후기에는 언제 아기가 나올지 모르니, 15주에서 30주 사이에 여행을 떠나는 게 가장 좋아요. 초기와 후기에는 가능하면 집 근처에서 놀아요.

또 좁은 차 안에 오래 있으면 좋지 않다는 견해가 있으니, 차를 타고 이동한다면 대여섯 시간 거리까지가 좋아요. 사실 국내여행이라면 어디든 금방이니, 원하는 곳으로 떠나요.

미리 알았으면 좋았을 것들

임신부도 해외여행 가고 싶다!

어디로 여행을 가고 싶으냐 물으면, 국내보다는 해외로 훌쩍 떠나고 싶은 게 사람 마음이에요. 가뜩이나 아기가 태어나면 당분간 해외여행은 단념해야 하니, 언제 또 나갈 수 있겠나 싶어 '태교여행'을 핑계 삼아 저 멀리 떠나고 싶어요.

임신부라고 비행기를 못 타는 게 아니니 얼마든지 해외여행을 떠나도 좋아요. 빈혈이나 조산기가 없고 멀쩡하게 건강한 엄마라면 출산 직전인 36주 언저리까지도 비행기 탑승에 아무런 문제가 없다고 해요. 높은 고도를 나는 비행기에 기압 차이 때문에 아기에게 산소 공급이 잘 안 되면 어쩌지 걱정할 수 있는데, 이건 전혀 걱정할 필요가 없어요. 전문가들 모두 입을 모아 아무렇지 않대요.

다만 오랜 시간 좁은 의자에 끼어 있다 보면 온몸이 붓고 근육이 뻐근해져요. 장시간 비행을 한다면 중간중간 일어나 가볍게 복도를 걷는 게 좋아요. 이때는 꼭 넘어지지 않게 주의해요. 다리 부종을 예방하기 위해 압박 스타킹을 활용하면 아주 좋아요. 그리고 기내는 건조하기 쉬우니 수분을 충분히 섭취해 주세요. 그럼, 모두들! Bon Voyage!

28주 3일

우리 아기는 엄마 코를 닮았다

임신 8개월에 들어섰다. 아기가 태어나기까지 이제 100일도 채 남지 않았고, 매일매일 카운트다운이 줄어드는 속도가 점점 빨라진다. 체감보다 빠르게 지나가는 세월에, 눈 깜빡할 사이에 아기가 덜컥 태어날 것만 같다. 임신한 아내의 배를 만지며 교감하고 사랑할 수 있는 시간이 줄어들고 있다는 뜻이니 약간은 섭섭하기도 하다.

28주를 맞아 정기검진을 다녀왔다. 일정을 맞추기 어려워 이번에는 아내 혼자 다녀왔다. 모든 순간에 함께하기로 마음먹었는데 쉬운 일이 아니다. 점심시간에 홀로 훌쩍 병원에 다녀온 아내는 우리 아기가 무럭무럭 잘 자라고 있다고 전했다.

날이 갈수록 태동이 강렬해지고 묵직한 존재감을 뽐내던 아기는 어느새 1킬로그램 넘게 자랐다. 1.16kg. 묵직하다. 머리는 76mm, 다리는 53mm. 선생님 말로는 30주 차 정도의 사이즈라고 한다. 너무 작게 자라도 문제지만 너무 크게 자라도 엄마가 힘드니까 적절한 수준에서 알아서 잘 커주길 바란다. 심장도 잘 뛰고 위장이고 신장이고 온갖 장기도 잘 자라고 있었다.

28주 정기검진은 입체 정밀 초음파였다. 아주아주 오랜만에 만난 주황색 아기는 완전히 인간의 모습을 하고 있었다. 아주 작고 콩알만 한 덩어리에 불과했던 우리 아기가 젤리처럼 말랑말랑 자라더니 온전히 한 명의 인간으로 잘 자랐다. 뱃속에서도 이렇게 빨리 자라는데 태어나고 곧장 하루가 다르게 모습이 변해갈 것을 생각하니, 매일매일을 소중히 생각해야겠다고 느꼈다.

입체 초음파로 본 주황색 아기는 아내를 닮았다. 왕 큰 코에 두툼한 입술. 내가 좋아하는 아내의 얼굴 그대로다. 우리 아기는 얇고 뾰족한 나의 코가 아니라 복스럽고 예쁜 아내의 코를 닮았다. 위아래로 두꺼운 입술을 앙 다

물고 있는 아기. 너무너무 귀여워서 하루 종일 영상을 몇 번이고 돌려 봤는지 모르겠다. 빠르게 흘러가는 시간이 아쉽다가도, 얼른 아기와 만나고 싶은 마음에 시간이 빨리 가길 바라기도 하고, 팔불출 아버지의 마음은 오늘도 널뛰기를 뛴다.

아내는 슬슬 출산휴가와 육아휴직을 준비하기 시작했다. 몇 날 며칠에 휴가를 시작해야 좋을지, 회사에 어떻게 통보하고, 각종 급여와 수당은 어떻게 받으면 되는지. 하나하나 공부하고 있다. 이날 검진에서 아내는 제왕절개가 좋을지 자연분만이 좋을지 의사와 상담을 하고 왔다. 아무래도 출산 방식에 따라서 출산의 날짜나 요양에 필요한 기간이 달라지기 때문이다.

의사가 말하길, 가능하면 자연분만을 하는 게 가장 좋고, 정말 특별히 골반이 너무 좁은 경우가 아니라면 누구든 자연분만을 할 수 있다고 했다. 하지만 28주를 지나고 있는 지금 단계에서 이렇다 저렇다 말할 수는 없고, 출산의 방식을 결정하는 건 37주쯤 그러니까 아주아주 막바지에 이르러서야 비로소 가능하다고 했다. 그때는 의사가 직접 질에 손가락을 넣어 내진도 하고, 아기가 위치를 잘 잡고 있는지, 엄마의 건강은 어떤지, 태동은 잘 느끼고 있는지 다양한 요소를 살펴본다고 한다.

그런고로 출산 예정일 한 달 전에는 슬슬 휴직에 들어가는 게 좋지 않겠냐는 결론에 다다랐다. 해가 바뀌고 충전된 연차를 전부 당겨서 미리 쉬고, 출산을 전후로 출산휴가를 붙이고, 이후에 1년간 휴직하며 육아에 전념하는 시나리오다. 이후에는 나도 '아빠 육아휴직제도'를 활용해 1년 정도 육아를 전담할 계획이다. 인생사 마음먹은 대로 전부되는 게 아니다만, 최대한 유리하게, 최대한 아기와 함께할 수 있는 방향으로 계획을 짜보려 한다. 아내의 육아 부담을 덜어주고 함께 짊어지고 나아갈 생각이다.

임신 후기로 향해 나아가고 있는 이내는 많은 변화를 겪고 있다. 우선 이전에도 언급했다시피 코골이가 정말이지 아주 우렁차졌다. 왼쪽으로 누울 때는 그나마 괜찮은데, 천장을 보고 있거나 내 쪽으로 고개를 돌리면 아주 시원하게 코를 곤다. 나는 잠귀가 유독 밝아서 작은 소리에도 잠을 깨는 사람인데, 희한하게 아내의 코골이는 전혀 아무렇지도 않다. 사랑의 힘으로 귀가 멀어버린 것인가 싶기도 하다.

아내의 코골이는 어쩔 도리가 없다고 한다. 의사도 "임신으로 살이 쪄서 그런 거니 어쩔 수 없다. 2명 중 1명이 코골이를 하는데, 딱 당첨이다"라고 할 뿐이었다. 너무 심하고 신경이 쓰이면 이비인후과를 가 보라고 했다. 임산부라 딱히 먹을 수 있는 약도 없고 수술을 할 수도 없으니, 그저 어서 아기가 나오고 정상궤도로 돌아오길 기다릴 뿐이다.

또 하나. 살이 아주 빠르게 찌고 있다. 지난 검진 이후 4주간 약 3kg 이상 체중이 늘었다. 의사에게 "한 달에 2kg씩만 찌도록 잘 조절하라"라고 한바탕 혼이 났다. 3kg 넘게 찌는 건 아무래도 선을 넘었나 보다. 간식으로 주전거리던 딸기, 포도, 멜론 등 각종 과일을 끊으라고 했다. 당분이 너무 많아서 살이 금방 찐단다. 그리고 탄수화물도 줄이라고 했다. 우리 아내는 쌀밥을 정말 좋아한다. 입맛이 좋을 때는 두 그릇도 뚝딱이다.

의사에게 한바탕 혼나고 난 뒤, 아내는 닭 가슴살을 잔뜩 구매했다. 다시금 식단 조절을 할 거란다. 원래도 다이어트며 운동이며 관리를 철저하게 하던 아내이기에, 한 번 마음먹으면 아주 제대로 해낼 것이라 믿는다. 무리하지 않고 건강한 임신 기간을 보낼 수 있도록 옆에서 잘 보조해야겠다.

30주 1일

셋이 찍는 첫 가족사진

　임신 30주 차가 되었다. 꼬물꼬물 작기만 했던 아기는 나날이 존재감을 과시하기 시작했고, 대략 1.5kg만큼 자랐다. 아기는 엄마 뱃속에서 이리저리 움직이며 팔과 다리를 이용해 사방팔방 태동을 뽐내고 있다. 이제는 한 부위가 아니라 여러 부위에서 동시에 태동이 느껴지고 있다. 슬슬 세상 밖으로 나오고 싶어 안달을 부리는 것만 같다.

　뱃속의 아기와 아내와 나 셋이 함께 할 수 있는 날이 얼마 남지 않았다. 기껏해야 두어 달 남짓. 시간과 함께 지나가버릴 지금 이 순간을 기록하기로 했다. 아내가 미리 예약하고 온 산후조리원에 만삭 촬영 스튜디오가 연계되어 있어서 그곳을 이용하기로 했고, 추가로 우리끼리 즐거운 시간을 보낼 수 있게끔 셀프 스튜디오도 예약했다.

사실 전문 스튜디오 촬영만으로 충분하지 않을까 생각하기도 했는데, 굳이 두 곳을 나누어 촬영한 이유가 있다. 만삭 촬영 전문 스튜디오의 대부분은 산부인과나 산후조리원에 연계되어 있다. 병원이나 조리원을 이용하면 연계된 스튜디오에서 '무료 촬영'을 제공하는 시스템이다. 하지만 말이 좋아서 '무료 촬영'이지 실상을 들여다보면 결코 그렇지 않다.

우리 산후조리원에 연계된 스튜디오는 서울 서부에 위치한 D 스튜디오. 전문적인 포트폴리오를 뽐내고 있었고 다양한 촬영 콘셉트를 제공하기에 선택의 폭이 아주 넓었다. 촬영에 더불어 앨범이나 영상도 제작한다고 하니 비범한 전문 업체의 포스가 느껴졌다.

하지만 우리 손에 제공되는 '무료'의 범위는 딱 잘라 사진 6컷이 전부다. 사진을 선택할 권리도 없다. 그마저도 서비스로 만들어 주는 작은 책 형태의 결과물이 전부이며, 촬영 원본 파일은 제공하지 않는다. 원본 파일을 받고 싶으면 백일 사진, 돌 사진, 성장 앨범 등을 결제해야만 했다. 문제는 이들의 가격이 최소 50만 원부터, 쓸 만한 패키지는 100만 원을 훌쩍 넘는다는 점이다.

마치 우리 아기를, 임신의 추억을 인질 잡히는 기분이었다. 결혼 준비 단계부터 뼈저리게 느꼈으나 우리나라의 결혼, 임신, 출산, 육아 관련 업계는 정말이지 악질적인 마케팅을 전개한다. 사소한 하나를 갖고 싶으면 거대한 패키지를 강제로 사야 한다. 배보다 배꼽이 열 배는 더 큰 불합리한 구조다.

돈을 벌기 위해 어쩔 수 없다고는 하나 소비자 입장에서 서운하기는 매한가지다. 결국 D 스튜디오에서는 아무런 계약도 하지 않았다. 무료로 제공해 주는 서비스 패키지만 받기로 했다. 어차피 이 또한 산후조리원 비용에 녹아들어 있을 터. 사랑하는 아기와의 추억 앞에 가성비를 논하자니 불경스럽게 느껴지기도 했지만, 선뜻 돈을 내지를 필요까지는 느끼지 못했다. 아기의 모든 순간, 모든 각도, 모든 표정에 돈을 발라 예술로 남겨야 할 필요가 없다고 생각했기 때문이다. 함께하는 순간을 기록하는 게 목적이지, 아기를 피사체로 걸출한 작품을 남기고자 하는 욕망이 목적이 아니다.

반면에 셀프 스튜디오는 아주 만족스러웠다. 20분이라는 짧은 시간이지만 우리 둘이 온전히 채워가는 즐거운 경험이었다. 전날까지 어떤 옷을 입고 갈지 고민했고, 당장 스튜디오에 들어가서도 표정, 포즈, 각도를 어떻게 하면 좋을지 우당탕탕 좌충우돌했다. 그 결과 사진들은 모두 아마추어 특유의 날것 감성이 그대로 녹아 있었고, 한 장 한 장 돌아보며 낄낄거릴 수 있었다. 우리 마음에 쏙 들게 찍힌 4장을 골라 보정을 받았고, 실물 사진으로 인화도 해 주었다. 200장 가까이 되는 원본 파일도 물론 추가금 없이 이메일로 전송받았다. 이런저런 이유를 붙여가며 원본 파일을 보내주지 않던 전문 스튜디오의 악행으로 인해 단단히 뿔이 났던 마음도 금세 사그라들었다.

아내는 요즘 기분이 좋다. 출산휴가와 육아휴직 일정을 회사에 보고했기 때문이다. 출산 전 마지막으로 출근하는 날짜를 D-day 어플에 넣고는 매일매일 확인하는 것 같다. 어제는 나에게 며칠 남았다고 굳이 굳이 화면을 보여주며 자랑하기도 했다. 부럽다고 했더니 "너도 임신할래?"라고 했다. 어처구니가 없게 귀엽다.

31주 0일

둘이 떠나는 마지막 겨울여행

아기 태어나기까지 딱 두 달 남았다. 이제부터는 말 그대로 아무때나 불쑥 태어나도 이상하지 않을 시기다. 이 말은 즉 아내와 단둘이 훌쩍 떠나는 여행은 영영 끝이라는 뜻이다. 아들이 태어난 뒤에도 세 가족이 다함께 다녀오면 되니 크게 슬프지는 않지만, 아내와 둘이 손잡고 다니는 마지막 추억이 필요하겠다는 생각이 들었다.

그래서 지난 주말 화천에 다녀 왔다. 산천어 축제가 한창이었다. 화천까지는 버스로 2시간 30분. 가깝다면 가까운 거리지만, 임신부와 함께하는 여정이니만큼 길게 느껴졌다. 게다가 버스 내부가 엄청 덥고 건조했다. 출발 직전에 헐레벌떡 편의점에 들러 생수를 한 병 사오길 잘했다. 사실 아침 일찍 이동하는 터라 내내 비몽사몽했는데, 중간에 살짝 깰 때마다 너무 덥고 건조해서 힘들었다. 홀몸인 나도 이 모양인데 아내는 얼마나 힘들었을지 가늠도 안 된다.

내가 더위와 건조함에 시름시름 앓는 사이, 아내는 2시간 동안 소변을 참고 있었다. 임신 후기에 들어서니 점차 소변 욕구가 빠르게 찾아온다. 가만히 앉아 있을 때는 물론이고 버스나 택시처럼 몸이 흔들리는 상황에서 유독 더 심하게 느껴진단다. 뒤에도 또 쓰겠지만 이날 아내는 열 번도 더 넘게 화장실을 들락거렸다.

화천은 참 멋졌다. 아늑한 산자락을 끼고 굽이치는 강변에 자리한 조용한 도시. 강원도라서 온통 새하얀 설국일 줄 알았는데 그렇지 않았다. 그늘에 서 있으면 정말 너무 추운데, 햇볕이 드는 곳에서는 따뜻함이 느껴졌다. 시내는 온통 축제 분위기로 사람이 정말 많았다. 확실히 가족단위가 대부분이었고 의외로 외국인도 굉장히 많았다.

아내는 배가 잔뜩 나왔음에도 아랑곳하지 않고 얼음낚시에 몰두했다. 강을 통째로 막아 얼려놓고 구멍을 숭

숭 뚫어 만든 얼음낚시장. 다들 낚시용 의자를 하나씩 가져왔던데, 우리는 거의 번개 수준으로 간 거라 준비가 부족했다. 아쉬운대로 내 털 조끼랑 목도리를 겹겹이 쌓아서 아내의 엉덩이가 시리지 않게 잘 보호해줬다. 길도 빙판도 모두 너무 미끄러웠는데 등산화를 신고 오길 참 잘했다. 한껏 쭈구려 앉아 얼음 구멍만 들여다 보는 아내가 너무 우습고 귀여웠다. 아내는 잠시나마 임신의 고통에서 벗어나 스트레스를 풀 수 있었다. 그러는 사이 나는 산천어를 두 마리 낚았다. 아내는 한 마리도 못 낚았다. 그래도 기뻐 보였다.

얼음낚시를 끝내고 에티오피아 카페와 국군홍보관 등 각종 부스를 구경하며 강을 끼고 한 바퀴 산책을 했다. 그러는 동안 아내는 진짜 5분에 한 번씩 계속 화장실에 갔다. 곳곳에 깨끗한 화장실을 마련해 준 화천군에 감사하다.

아내는 화장실을 자주 가는 건 괜찮지만 "갑자기 화장실이 급해서 갔는데 그냥 아기가 방광을 자극한 것이었을 때" 진짜로 짜증이 치밀어오른다고 했다. 아기가 점점 커지니 뱃속에 공간이 모자란지 자꾸 엄마 방광을 꾹 꾹 누른다. 아내는 그럴 때마다 화장실로 달려가는데, 가짜 요의일 때가 많다. 엄마를 놀리는 것도 정도껏 해야지.

그래도 정말 오랜만에, 그리고 아마 당분간 마지막이 될 장거리 여행이었는데 아주 알차고 재밌었다. 느긋하게 산책도 하고 산 위에 쌓인 눈도 보고 산천어를 구워 먹으며 바베큐 기분도 내고 정말 최고였다. 하루종일 "즐겁다" 소리가 저절로 났다. 캠핑을 좋아하는 아내도 대단히 흡족해 하는 거 같아 내심 기분이 좋았다. 아기도 잘 놀았는지 내내 열심히 움직여 줬다.

돌아오는 버스도 역시 엄청 흔들렸다. 아내는 또다시 소변 참기 챌린지를 강요 당했다. 세다가 종일 밖에서 활동한 탓에 허리가 아주 아팠단다. 아내는 요즘들어 허리가 아프다 소리를 자주 하는데, 확실히 임신 후기에 들어 배가 밑으로 쏠리기 시작하니 허리에 묵직하게 부담이 가는 것 같다. 아내의 배를 옆에서 보면 둥근 게 아니라 불룩 튀어나온 것처럼 보이니까 말 다했다.

집에 돌아와 침대에 눕고는 "침대가 제일 좋다"라고 큰 소리로 말하는 아내. 허리가 아프다 보니 눕는 게 제일 좋단다. 사실 아내는 침대에 누워도 100% 편하지 않다.

오른쪽 왼쪽 어디로 누워도 아기가 묵직하게 누르고 있으니 주기적으로 자세를 바꿔줘야 한다. 허리 근육에 부담이 장난 아니다. 아내는 "이 정도면, 아기 낳다가 허리 디스크가 터지는 것 아니냐"라고 툴툴거린다. 정말 임신 열 달 내내 무엇하나 쉬운 게 없다.

그럴 때면 나도 따라 누워 아내의 허리를 손바닥으로 꾸욱꾸욱 누른다. 마사지 같지도 않은 마사지지만 조금이라도 도움이 되길 바라며 열심히 문댈 뿐이다. 이제 얼마 남지 않은 임신 기간동안 아내가 조금이라도 편안하게 지낼 수 있도록 내가 세심하게 잘 챙겨야겠다.

남편이 쓰는 임신수첩
김호진 에세이

다섯

기다림의 끝

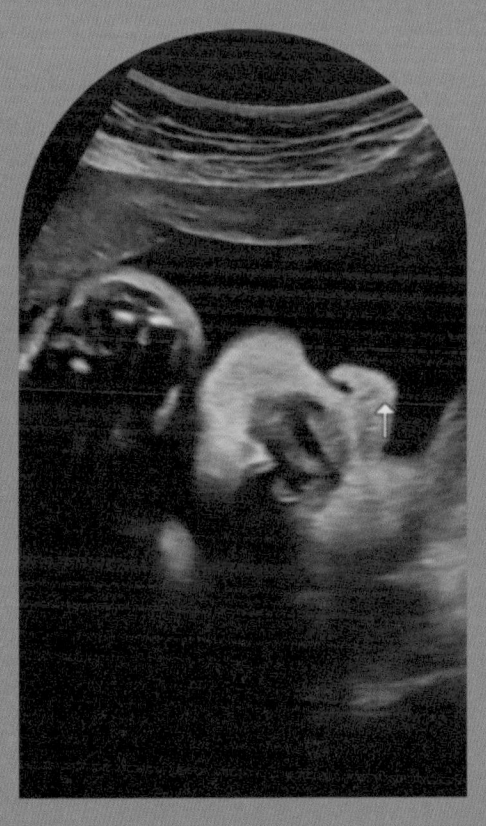

남편이 쓰는 임신수첩
김호진 에세이

32주 6일

가진통과 마사지

아내가 아침부터 배가 아프다고 해서 급히 병원에 다녀왔다. 출근 준비를 위해 눈을 뜨고 뒤척이고 있자니 아내가 "배가 너무 아프다"라고 했다. 평소와 달리 목소리에 힘이 하나도 없고 죽어가길래 화들짝 놀랐다. 어설프게 남아 있던 잠이 확 달아났다. 아내는 한껏 웅크린 채 끙끙 앓고 있었다. 자초지종을 들어 보니 밤새 복통에 시달리느라 잠도 제대로 이루지 못했다고 한다.

32주에 접어들고부터 태동이 아주 강해졌다. 사방팔방 동시에 발로 구르고 팔로 미는 건 애교 수준이고, 갈비뼈를 발로 쾅쾅 차거나 아랫배에 주먹질하는 지경에 이르렀다. 뱃속에서 자유롭게 노니는 것을 보니 건강한 건 틀림없다 싶긴 하지만, 그래도 엄마가 너무 아파서 견딜 수 없을 정도로 움직이는 건 아무리 귀여운 아들이라도 솔직히 선을 넘었다.

아내는 요즘들어 태동에 더해 자꾸 생리통처럼 배가 아프다고 했다. 낮에는 잘 모르고 지내다가 저녁이 되면 통증이 살살 심해지고 밤에는 쿡쿡 찌르듯 쥐어짜듯 배가 아파 쉽게 잠들기 어렵다고 했다. 대충 32주를 지나면 언제 아기가 나와도 이상하지 않다고들 하니, 괜히 걱정되는 마음에 서둘러 병원에 다녀왔다.

의사 말로는 '가진통'이란다. 가진통은 말 그대로 가짜, 임시적인, 연습 삼아 해보는 진통이다. 진짜 출산이 임박해 진통이 몰려오는 것처럼 주기적으로 통증을 유발하는데 자궁 문은 열리지 않은 상태를 말한다. 자궁 수축이 빈번하게 발생하고, 때로는 배가 단단하게 만져지거나 하복부의 불편함을 동반하기도 한다. 뱃속 아기가 충분히 자랐으니 슬슬 출산을 준비하라며 엄마에게 보내는 신호이자, 통증에 익숙하게끔 연습을 시키는 단계라고 볼 수도 있다.

의사는 가진통 자체는 전혀 걱정하지 않아도 된다고 했다. 다만 강도에 변화가 없을 경우에 그렇다는 거지, 갑자기 확 아팠다가 싹 사라졌다가 오르락내리락 롤러코스터 타듯 통증이 오락가락한다면 문제다. 가진통의 세기가 이랬다저랬다 할 수 있으니 스스로 잘 파악하고 체크할 필요가 있다.

별문제 없이 아기도 엄마도 모두 건강하다고 하니 일단 안심했다. 급하게 찾아갔지만 검사겸사 정기검진을 당겨서 하기로 했다. 아기 머리 크기는 8.6cm로 34주 후반 크기였다. 몸통 둘레는 28.6cm로 32~33주 수준이었고 몸무게는 2.24kg이었다. 허벅지 뼈는 6.3cm, 심장은 분당 150회로 세차게 뛰고 있었다.

우리 아기는 머리가 좀 큰 편이다. 아내는 혹시나 아기 머리가 너무 커서 제왕절개를 해야 하는 건 아닌가 걱정했다. 의사는 "원래 한국인 아기들은 머리가 크다. 전혀 문제 될 거 없다"라고 별 걱정 말라고 했다. 아기 머리 크기야 나중에 자라며 다 정상으로 맞춰지고, 자연분만을 할지 제왕절개를 할지는 아기 머리 크기에 아무런 관계가 없다고 했다. 대부분 제왕절개는 순전히 임신부 선택에 따라 실시한다고 했다.

아내는 가능하면 자연분만을 하고 싶다고 했다. 살면

서 수술 자체를 해 본 적이 없어서 몸에 칼 대는 일이 너무 무섭단다. 차라리 자기가 힘줘서 낳는 게 낫지 비몽사몽 마취한 채 수술방에 들어가는 건 상상만 해도 무섭다고 했다. 그래, 주사도 제대로 못 맞고 채혈할 때도 벌벌 떠는 사람인데 수술은 꿈도 못 꿀 일이다.

아내는 검진을 받는 김에 백일해 주사도 맞았다. 백일해는 '보르데텔라 백일해균'에 감염되어 발생하는 호흡기 질환으로 감기와 같은 증상 또는 호흡 발작을 동반하는 무서운 병이다. 연령이 어릴수록 사망률이 높으며 1세 미만 아기의 사망률이 가장 높게 나타난다. 전체 감염의 80% 이상이 가족 간 감염이라고 하니 엄마와 아빠 모두 출산 전에 미리 맞아두는 게 좋다고 한다. 나는 부득이 감기 기운이 있어 다다음 주 정기검진 때 맞기로 했다.

주사를 맞고 온 아내는 비실비실 앓기 시작했다. 주사 맞은 자리부터 서서히 약이 퍼지며 근육통이 느껴진다고 했다. 몸살감기와 비슷한 느낌으로 몸에 힘이 빠지고 늘어지고 으슬으슬하다고 했다. 아무래도 백일해가 감기랑 비슷한 기전을 가지고 있다 보니 증상도 비슷하게 나타나는 거 같다. 크게 아프지 않고 잘 지나갔으면 좋겠다.

한편으로 요즘 아내는 허리와 엉덩이 통증, 다리 저림에 시달리고 있다. 가만히 앉아 있는 것도 힘들다 하고, 내가 운전하는 차 조수석에 앉아 두어 시간 이동하는 것도 다리가 부어서 힘들다고 했다. 엉덩이부터 종아리까지 후면 사슬을 따라 저린 느낌이 들고 가끔씩 발작하듯 근육이 띠용띠용 움직이기도 한다.

그래서 요즘 자기 전 루틴은 마사지다. 싹 씻고 나온 아내를 침대에 눕혀두고 엉덩이부터 허벅지, 종아리까지 구석구석 주무른다. 유튜브에서 '임신 후기 마사지'를 검색해, 보고 배운 걸 종합해 아내에게 실천 중이다. 아내를 옆으로 누이고 고관절 주변 엉덩이 근육을 집중적으로 풀어준다. 엉덩이와 허벅지의 큰 근육에 체중을 실어 누르기도 한다. 특히 골반과 허벅지를 이어주는 이상근을 풀어주면 효과가 아주 좋다. 아내도 확실히 마사지를 받고 나면 좌우로 자세를 돌릴 때 통증이 훨씬 덜하다고 했다.

매일 저녁 아내의 배에 튼살 크림과 오일을 바르고 온몸을 마사지하는 게 삶의 낙이 되어버렸다. 나에게도 할 수 있는 일이 하나 더 생겼다는 게 참 기쁘다. 아기는 아내 뱃속에 있지만 아기를 키우느라 고생하는 아내를 케어하는 건 온전히 나의 몫이다.

34주 0일

기침 콧물 감기 그리고 '맘톡방'의 성역

아내의 감기가 도통 낫지 않는다. 아침부터 밤까지 말 그대로 자는 동안에도 기침과 콧물에 시달린 지 벌써 두어 주는 흐른 것 같다. 처음에는 가벼운 감기 증상처럼 콧물을 훌쩍이는 정도였는데, 언젠가부터는 기침까지 심해져 밤잠을 설치고 있다. 가뜩이나 턱밑까지 올라온 아기 때문에 숨을 쉬기 버거운데 코가 막히고 가슴이 답답하니 죽을 맛이다.

코로 숨을 제대로 쉴 수가 없다 보니 입 호흡을 하게 되고, 덕분에 매일 아침 한껏 목이 부은 상태로 눈을 뜬다. 목소리도 점점 쉬어가고, 상태가 말이 아니다. 아내가 아픈 모습을 보니 못난 남편이 된 것만 같아서 마음이 아팠다. 심지어는 해 줄 수 있는 일이 없다는 게 무기력하게까지 느껴졌다.

그나마 다행인 점은 코로나는 아니라는 것과 콧물에 기침이 심하다 하지만 열은 없다는 부분이다. 몸이 무겁고 의욕이 떨어지고 피곤한 것이 가벼운 몸살 기운이 있는 것 같기는 하다만 큰 발열은 없으니 중병은 아닌 듯했다. 매일 밤 찌뿌둥한 아내의 엉덩이와 다리를 마사지하며 혹여나 체온이 오르진 않았는지 손바닥으로 열심히 확인했다.

아내는 병원을 안 가는 사람이다. 임신을 해서 그런 것도 있지만 원래부터 그런 사람이다. 한때 세간을 떠들썩하게 했던 '약 없이 아기를 키우는 싸이코 집단'과는 전혀 상관없지만, 그냥 병원을 안 간다. 아내는 원래도 몸이 튼튼하고 잔병치레가 없는 터라 조금 아파도 그냥 두면 금세 자연치유가 됐다. 가벼운 감기나 몸살 정도는 가만히 두면 알아서 잘 낫는, 축복받은 체질 덕분인지 약도 잘 먹으려 하지 않는다.

아내가 말하길 "감기는 약 먹으면 일주일, 그냥 두면 7일이면 낫는다"라고 했다. 그럴 때마다 나는 공감능력이라고는 찾아볼 수도 없는 인간처럼 "아프면 병원을 가고 약을 먹어라"라며 치료를 받길 권유하지만, 자연치유의 달인인 아내에게는 씨알도 먹히지 않는다.

그래도 이번에는 뱃속에 아기도 있고 하니 2주간 싹싹 빈 덕에 아내가 병원을 다녀왔다. 임신부다 보니 동네 약국에서 파는 약을 아무렇게나 먹을 수도 없고, 의사에게 증상을 잘 설명하고 적절한 치료를 받고 약을 처방받아오길 기대했다.

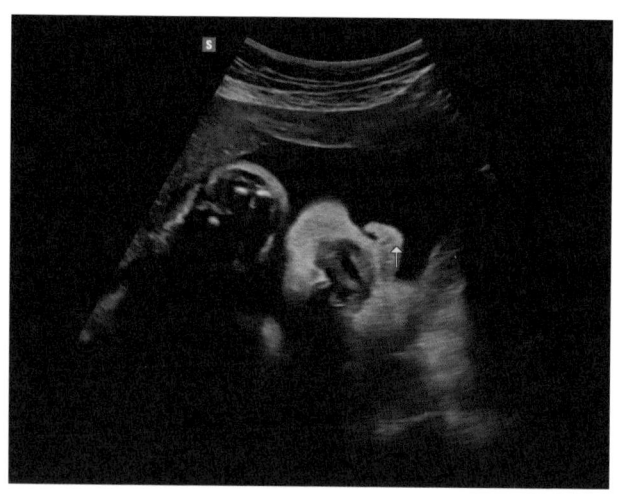

2024.01.26. 완전 두꺼운 입술

그러나 현실은 쉽지 않았다. 요사이 독감이 유행해서 그런지 병원에는 아이들로 가득했고, 아내는 1시간가량 대기해야 했다. 하염없이 기다린 끝에도 "임신부에게 해 줄 수 있는 게 아무것도 없어요"라는 의사의 말만 듣고 왔단다. 의사는 잔뜩 부른 아내의 배를 보고는 임신부에게 쓸 수 있는 안전한 약이 없으며, 딱히 할 수 있는 치료가 없다며 간단한 자연치유 방법을 일러준 게 전부였다.

콧물이 너무 많이 차서 숨이 안 쉬어지고 기침 가래까지 연결된다면, 식염수를 이용해 아침저녁으로 코를 씻어주는 게 할 수 있는 최선이라고 했다. 병원도 귀찮고 약도 먹기 싫은 아내에게 코 세척이라니. 아내가 들을 리가 없었다.

열심히 닦달해서 겨우겨우 병원을 보냈는데 한참을 기다린 끝에 아무런 소득도 없다고 하니, 괜히 또 미안했다. 그래도 큰 병이 아니라는 사실을 알았고, 자연치유로 극복할 수 있다는 자신이 생겼으니 아예 수확이 없던 것은 아니라고 강변해 본다.

글을 쓰고 있는 지금 아내의 증상은 아주 많이 호전됐다. 지독히도 괴롭히던 콧물은 더 이상 나오지 않고, 앉아 있거나 서 있을 때는 기침도 나지 않는다. 몸이 무거워 잠시 쉬려고 침대에 기대어 누우면 곧장 기침이 나오기는 하지만 이전만큼은 아니다. 밤사이 기침을 하는 건 여전해서 아침에 일어날 때 갈비뼈가 아픈 것도 그대로지만, 아내 본인이 느끼기에도 증상이 한참은 가라앉았다고 한다.

임신은 정말 어려운 일이다. 약도 제대로 먹을 수 없고, 원인을 알아도 치료할 수 없다. 뱃속의 아기를 건강하게 낳기 위해 스스로를 희생하는 어머니의 숭고함이 느껴진다. 어려운 길을 가는 아내를 위해 내가 할 수있는 건 따끈한 보리차를 끓이고 유자차를 내어주는 것뿐. 아, 밖에서 세균을 가지고 들어오지 않는 것도 있다. 아내가 건강히 출산하고, 아기가 나름대로 면역을 형성할 때까지 각별히 주의해야겠다.

완전히 다른 이야기지만, 아내는 지난주, 지역 '맘톡방'에서 쫓겨났다. 아침에 눈을 떠 카카오톡을 확인해 보니 "내쫓았다"라는 메시지만 새벽 1시 반에 덜렁 와 있었다고 한다. 어떻게 된 일일까.

아내는 임신 중기 즈음에 접어들어 우리 지역의 임신부와 아기 엄마들이 모여 있는 '오픈 채팅방'에 들어갔다. 같은 지역에 사는 동병상련의 인물들과 정보를 주고받고 정서를 공유하기 위함이었다.

요즘이 워낙 아기도 낳지 않고, 애초에 결혼도 하지 않는 시대이다 보니 과거와 같이 임신 출산 육아의 정보를 주변 지인들과 나눌 수 없는 형편이고, 정보의 생산과 공유 자체가 쪼그라들고 있다. 그런 틈에 오픈 채팅방은 간단히 접근할 수 있고 언제든 이야기를 주고받을 수 있으니 참으로 요긴하다. 출산 시기가 비슷한 사람들끼리는 오묘한 동질감도 형성되고 "나만 힘든 게 아니다"라는 심심한 위로를 얻을 수도 있다.

하지만 지역 '맘톡방'은 어떠한 단단한 성벽으로 둘러싸여 있다. 할 것 없는 아줌마들끼리 모여 시시덕거리는 복마전이라는 뜻이 아니다. 아무래도 아기에 관한 이야기를 나누다 보니 사적인 정보가 필연적으로 섞일 수밖에 없고, 이를 외부인으로부터 차단하는 게 급선무가 된다. 나아가 자신들의 경험과 지혜를 종합하여 생산한 각종 정보와 '공동구매' '특가판매' 등 양질의 정보 역시 우리끼리만 누리고 싶은 게 당연지사다.

그렇다 보니 새로운 참가자는, 자신이 이 지역 어디에 살고 있는 본명은 누구이며, 아기는 몇 주에 성별은 무엇이고, 출산 예정일은 언제인지 상세한 신상정보를 공개해야만 한다. "신뢰를 바탕으로" 운영되기 때문에 스스로의 패를 까고 진입하는 것은 어쩌면 당연한 일이다.

하지만 뱃속의 아기도 키우고, 회사의 일꾼으로 일하고, 가정의 버팀목으로 헌신하는 1인 다역의 '워킹맘'들에게 '맘톡방'의 울타리는 높다. 같은 채팅방에 상주하고 있다고 하지만 업무와 가사 양쪽의 압력 속에서 원활한 채팅 참여는 쉽지 않다. 하루에도 수 백 건씩 쌓이는 채팅을 따라가기에도 버겁다. 채팅방 자체에도 함께하기 어려운데 '오프라인 모임'이라고 쉬울 리가 없다.

임신 후 건강을 챙기기 위해 일찍 퇴사하였거나 애초에 일을 하지 않았던 전업주부 엄마들은 '평일 점심 브런치 모임'부터 백화점 쇼핑, 동네 맛집 카페 탐방 등 모임을 가지며 사이를 돈독히 했다. 아침저녁으로 풀타임 근무를 하는 아내 입장에서 보아 서로를 언니 동생으로 친근하게 호칭하며 평일 낮의 여유로운 모임을 즐기는 모습은 '그림의 떡'이었다. "언제 하루 정도 연차를 내고 모임에 참가해야 할까 봐"라고 하소연하던 아내의 모습이 측은하게 느껴졌다.

그러나 이런 사정을 알지 못하는 혹은 알고도 개의치 않는 채팅방의 관리자들은 "참여가 저조하다"라는 이유로 채팅 참가자를 주기적으로 솎아낸다. 그들 딴에는 알짜배기 정보만 쏙쏙 빼먹고 아무런 기여를 하지 않는 얌체를 골라내는 작업이겠지만, 억울한 죄목을 쓰고 쫓겨난 자들에게는 꽤나 고통스러운 경험이다. 언젠가 인터넷 '맘 카페' 운영자가 맘 카페의 실상과 회원들의 습성에 대하여 자세하게 쓴 책을 읽은 적이 있다. 책 속에서 다룬 내용은 지금 우리 아내가 겪고 있는 일들과 별반 다름이 없었다. 나와 아내를 비롯해 특정 몇 사람만이 느끼는 아주 일부의 소외감 또는 불편함이 아닌 것이다.

책을 읽던 당시에는 아직 출산도 육아도 '맘톡방'도 피부에 와닿기 전이었던 터라 "사람이 많이 모이니 별 일이 다 있네"하고 넘어갔었는데, 직접 눈앞에 두고 보니 꽤나 심각한 문제다. 일과 양육을 함께 짊어지는 이 시대의 보편적 '워킹맘'들은 어디에 마음을 둬야 할까. 어쩐지 마음이 쓸쓸해진다.

35주 3일

아기를 만나기까지 앞으로 딱 한 달

출산 예정일을 꼬박 한 달 앞두고 막달 검사를 다녀왔다. 아기가 하루 종일 엄마 뱃속에서 격렬한 태동을 보여주는 탓에 건강하게 무럭무럭 자라고 있음은 몸으로 느끼고 있었지만, 초음파 검사를 통해 쑥쑥 자란 아기를 보니 마음이 놓였다. 머리는 9cm 정도로 37주 수준의 크기였고, 몸통 둘레나 다리뼈 크기는 지금 주수에 알맞게 잘 크고 있었다.

아기는 엄마 뱃속에서 반시계 방향으로 몸통을 둥글게 말고 있었다. 머리와 얼굴은 엄마 가랑이에 처박고는 등을 왼쪽 옆구리에, 다리를 오른쪽 갈비뼈에 맞대고 열심히 꿈틀거렸다. 2주 전에 봤던 자세와는 좌우 반전을 한 듯 달랐다.

"아기가 밑으로 잘 내려와 있네요". 의사가 초음파 검사기를 슥슥 문지르며 좋은 징후라고 말했다. 이 시기 보통의 아기들은 명치까지 올라와 자리 잡고 있는데 우리 아기는 살짝 밑으로 내려와 있었다. 의사는 "10층짜리 건물로 치면 5층 정도에 있는 거다. 제대로 진통이 왔을 때 다음 단계까지 나아가는 데 조금은 더 수월할 것"이라 했다.

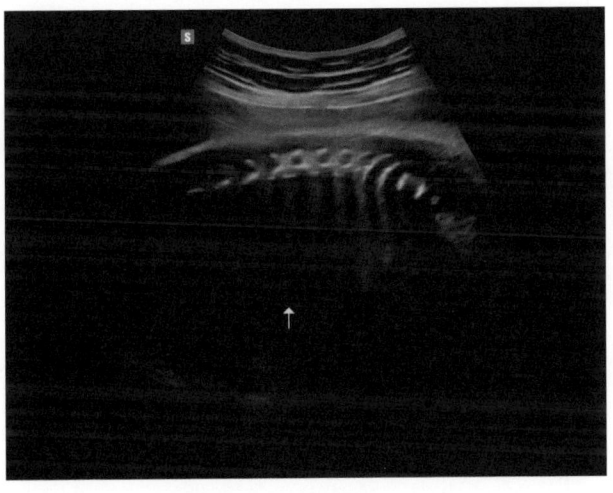

2024.02.13. 35주 선명한 갈비뼈

아기가 밑으로 내려와 있다고 해서 무조건 순산한다고 장담할 수는 없지만, 여러모로 효자는 맞는 것 같다.

    이어지는 상담 시간에는 이래저래 궁금했던 점을 많이 물어봤다. 우선은 숨쉬기가 불편하다는 것. 아내는 요즘 부쩍 자려고 누우면 가슴이 답답하고 좌로 굴러도 우로 굴러도 숨이 잘 쉬어지지 않는다고 한탄한다. 베개 높이를 조절해 보고 반쯤 앉아서 누워보기도 하고 다양한 자세를 시험해 보고 있는데 도통 정답은 찾지 못했다.

    의사는 "원래 그렇다"라며 정답을 못 찾는 게 당연하다고 했다. 어차피 지금 단계는 아기가 뱃속 가득히 자리하고 있으니 숨이 잘 안 쉬어질 수밖에 없고, 덤으로 소화불량도 같이 온다고 했다. 베개를 높이면 도움이 될 수도 있겠지만, 증상이 그렇듯 해결법 역시 사람마다 다르기 때문에 딱 잘라 말할 수 없다고 했다. 의사는 웃으며 임신은 원래 초기에 가장 힘들고, 중기에 수월해지다가, 말기에 다다르면 고통스러워진다고, 당연한 순서라고 덧붙였다. 빠져나올 구멍이 없는 고통의 늪에 빠진 아내는 출산하는 그날만을 기다리고 있다.

다음으로 진통에 대하여. 근래 부쩍 가진통이 잦아졌다. 가만히 있다가도 아랫배를 바늘로 콕콕 찌르는 듯한 통증이 느껴지기도 하고, 와이존이 민감하고 뜨끔뜨끔 아프기도 하다. 진짜 진통을 느끼기에 앞서 연습해 보라고 몸이 보내는 신호라는 것은 알지만, 배가 딱딱하게 뭉치거나 빵빵하게 아픈 느낌은 좀처럼 익숙해지지 않는다.

자초지종을 들은 의사는 안심해도 된다고 딱 잘라 말했다. 지금쯤 가진통을 느끼는 건 "원래가 그렇고", 배가 자주 뭉치는 건 풍선처럼 부풀었다가도 수축하고자 하는 자궁의 성질 때문에 그렇다고 했다. 의사는 "사실 이번 주말이면 36주인데, 이쯤이면 그냥 아기가 나와도 이상하지 않아요"라고 했다. 아내나 나나 아직 마음의 준비가 되지 않았는데, 가진통을 넘어 갑자기 진통이 시작되면 어쩌나 괜스레 불안한 마음이 늘었다.

이어서 냉 검사도 하고, 채혈도 하고, 심전도 검사도 했다. 출산 한 달 전 검사이다 보니 종목이 꽤 많았다. 검사를 다 마치고 수납하러 가니, 여전히 친절하고 여전히 사무적인 원무과장이 '입원 안내'를 해 줬다. 갑작스럽게 진통이 시작되면 당황하지 말고 병원으로 후다닥 오라며 필요한 정보가 쓰여 있는 안내문을 천천히 읽어줬다. 진통이 5분에서 7분 간격으로, 세게 왔다가 잦아들었다가를 규칙적으로 반복하게 되면 그때가 딱 병원으로 달려올 타이밍이라고 했다.

입원에 앞서 출산 가방을 싸야 한다. 자연분만이라면 2박 3일 입원을 하고, 만약 진통 끝에 긴급하게 제왕절개 수술을 하게 되면 4박 5일을 입원하게 된다. 입원 중에 사용할 간단한 세면도구와 수건 여러 장, 티슈, 개인 물통 그리고 갈아입을 속옷과 내의 등 챙겨야 할 게 많았다. 퇴원 후 산후조리원으로 이동할 때 아기가 입고 갈 배냇저고리와 겉싸개, 속싸개도 세탁해서 지참해야 한다. 보호자를 위한 슬리퍼와 세면도구도 챙기면 좋다고 했다. 당연히 귀중품은 집에 잘 놓고 가도록 하자.

진통이 강력하게 왔을 때 몇 층으로 가고, 저녁에는 또 다른 층으로 가야 하고, 온갖 입원 안내를 듣고 있으니 진짜 아기가 곧 나올 것만 같았다. 살짝 무섭기도 하다. 좋은 아빠가 될 수 있을까? 처음 만나는 아기와 어떻게 친해지면 좋지? 내가 아기에게 낯가림을 하면 어떡하지? 시답잖은 생각이 머릿속을 스쳤다. 아무렴 잘할 수 있겠지. 내 삶을 맡기기로 결심한 든든한 아내와 함께라면 못할 일이 없다. 괜히 센 척을 해 본다.

37주 2일

작지만 큰 우리 아기

　우리 아들은 언제쯤 세상으로 나올까. "당장 태어나도 이상하지 않다"라는 소리를 들으며 몇 주를 지낸 바, 슬슬 안달이 나기 시작했다. 아무래도 초산이다 보니 40주 꽉 채워서 태어날 것 같은데, 언제 진통이 시작될까, 오늘일까 내일일까, 마음의 준비를 언제부터 하면 좋지? 내가 임신한 것도 아닌데 괜히 마음이 들썩인다. 아내도 줄곧 일찍 태어나든 늦게 태어나든 상관은 없는데 '언제' 태어날지를 미리 알고 싶다고 툴툴거리고 있다.
　예정일까지 D-19일, 정기검진을 다녀왔다. 보통 출산 예정일이 잡힌 달에는 '내진'을 한다고 하여 "언제 태어나는 것인지"에 대한 의문이 풀릴 것이라 기대했다. 그러나 의사는 "초음파를 딱 보니 엄청 노는 게, 아직 나올 생각이 전혀 없네"라며 내진은 하지 않아도 된다고 했다. 내진은 의사가 질 안에 손을 넣어 자궁경부의 단단한 정도, 자궁 문이 얼마나 열렸는지를 알아보는 것으로 안전한 분만이 이루어지도록 출산을 목전에 두고 실시한다.

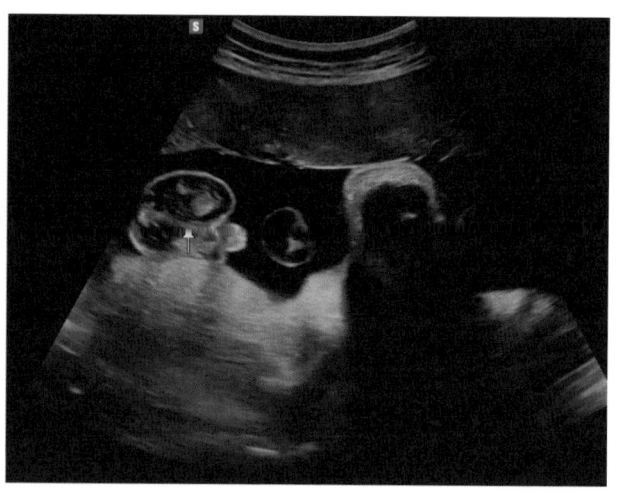

2024.02.26. 귀여운 그것

하지만 우리 아기는 내진을 '할 필요가 없을' 정도로 너무나도 놀고 있었다. 뱃속의 아기들은 막달에 폭발적으로 성장하는 탓에 움직일 공간이 좁아져 얼른 나오고 싶어 한다. 그런데 여전히 활발하게 태동을 뽐내고 이쪽저쪽 엄마 뱃가죽을 걷어차는 모양새를 보아하니, 아직은 뱃속이 편한가 보다. 딱히 나올 생각이 없다는 뜻이다.

2주 만에 만난 아기는 어느새 이렇게 컸나 싶을 정도로 자라 있었다. 머리둘레가 무려 9.73cm로 39주 6일이었다. 꽉 채워 태어나도 이 정도 크기는 아닐 텐데, 머리가 진짜 크다. 몸통 둘레는 32.73cm였는데 몸무게를 추정해 보니 3.3kg을 넘겼다. 의사가 말하길 보통 일주일에 150g씩 체중이 느는데, 이 페이스대로 40주 꽉 채워 낳는다 치면 무조건 4kg을 넘길 거란다. 의사는 초음파 기계에 따라 오차가 있을 수 있다고 크게 걱정할 필요는 없다고 했지만, 아직 예정일까지 3주나 남은 상황이라 쉬이 안심할 수는 없다. 우리 어린 시절에 유행했던 '우량아 콘테스트'가 요즘도 있는지 괜히 한 번 찾아봐야겠다.

상황이 이러하니 아내의 마음은 복잡하다. 하루에도 몇 번이고 자연분만을 할지 제왕절개를 할지 마음이 오락가락한다. "꼭 자연분만을 할 거야!"라고 다짐을 했다가도, 인터넷에서 '자연분만 후기'를 몇 개 찾아보고는 "아니야, 그냥 제왕절개를 할게"라며 마음이 수그러든다. 그러다가 또 제왕절개 마취를 했다가 못 깨어나면 어쩌나 싶어서 자연분만이 나은가 싶기도 하다. 아기가 앙증맞게 작은 놈이었으면 걱정도 없었을 텐데, 4kg이라는 숫자를 눈앞에 마주하고 보니 무서운가 보다. 내가 대신 낳아줄 수 있는 게 아니니, 아내가 원하는 방식으로 원만히 출산할 수 있기를 기도한다.

    아기방을 꾸렸다. 서재 겸 옷방으로 쓰던 큰방을 침실로 바꾸고, 침실로 쓰던 작은방을 아기방으로 할애했다. 두 아이를 기른 누나네서 온갖 잡다한 물품과 아기 옷을 한 차 가득 물려받은 탓에 짐이 산처럼 쌓여 있었다. 서랍 빼곡히 자리한 아내와 나의 '안 입는 옷'을 최대한 추려서 폐기물로 버리고, 빈자리에 육아용품과 아기 옷을 채워 넣었다. 자리가 모자라 팬트리 선반을 새로 짜 넣기도 했다. 집에 아기가 한 명 추가되는 것뿐인데, 왜 이렇게 짐이 많이 늘어나는지 모르겠다. 온 집안이 아기를 위해 돌아간다.

부부 두 사람이 지내던 공간에 아기 침대가 들어오고, 수유 의자로 쓸 리클라이너 소파가 들어오고, 모빌이며 역류방지쿠션이며 온갖 구성품이 자리하니 '애 키우는 집' 느낌이 물씬 풍겼다. 특히 은은한 주황빛 수유등을 켜고 리클라이너에 앉은 아내를 보면 딱 "와 진짜 애 키우는 집이다"라는 생각이 든다.

애 키우는 집답게 창틀부터 시작해 온 방 안의 먼지를 싹 털어냈다. 반짝반짝 닦아내고 광을 내고 깨끗하게 청소했다. 몸은 좀 고되지만, 아기를 만나기까지 당연히 해야 할 '수행'이라 생각하니 할만했다.

아기 옷과 손수건도 다 빨았다. 육아 커뮤니티를 보니 손수건이고 뭐고 다섯 번은 빨아야 하고, 한 번은 세제를 넣고 한 번은 안 넣고, 찬물로 헹궈야 하네 건조기를 돌리네 마네 온갖 고생이 잔뜩 쓰여 있었는데, 우리는 그냥 기본 모드로 세탁하고 건조기를 돌렸다.

대청소까지는 어떻게든 해낼 수 있었지만, 세상에나 남들이 하는 만큼 호들갑 떨면서 모든 걸 다 하자니, 스스로 육아의 허들을 너무 높이는 것만 같이 느껴졌기 때문이다. 부모가 스트레스 받지 않고 '행복 육아'를 해야 아기도 행복하지 않을까 싶다. 이것저것 다 신경 쓰고 강박적으로 집착하면 육아는 지옥이 된다. 아내와 나는 "될 대로 되라지" 정신으로 어떻게든 되겠거니 하며 느슨하게 처리하기로 했다.

요즘은 주말마다 차를 끌고 근교로 나간다. 파주도 가고 인천도 가고 아웃렛이며 쇼핑몰이며 열심히 돌아다닌다. 곳곳에 멋진 카페를 둘러보고 앉아 쉬며 도란도란 수다를 떠는 게 참 재미있다. 아기가 나오기까지 진짜 얼마 남지 않아서 매 주말 하루하루가 소중하다. 사랑하는 아내와 단둘이 보낼 수 있는 시간이 점점 줄고 있어 약간은 서운하기도 하다. 나중에 임신 기간을 돌이켜 보았을 때 "정말 재미있었다"라고 말할 수 있게끔, 즐겁고 행복한 장면을 많이 많이 담아두어야겠다.

미리 알았으면 좋았을 것들

출산이 다가오고 있다는 짜릿한 신호

출산 예정일이 다가오면 점점 자궁 수축의 주기가 짧아져요. 일반적인 배 뭉침과는 달리 짜릿하기도 하고 아랫배보다 더 낮은 위치에서 묵직하게 당기는 느낌이 들기도 해요. 이렇게 출산이 임박한 상황에서 자궁 수축이 자주 발생하지만 경관이 열리지 않는 현상을 흔히 '가진통'이라고 해요.

보통의 배 뭉침과 확연히 다른 점은 가슴과 명치의 압박감이 사라진다는 점이에요. 출산이 가까워지면 아기가 점점 밑으로 내려가 골반 속으로 들어가는데, 이로 인해 가슴의 압박감이 줄고 소화불량 등 증상이 사라져요. 임신 후기에 어느 날 갑자기 가슴이 편안한데 아랫배가 아프다 싶으면 서의 대부분 가진통이 맞아요.

태동도 점점 줄어요. 태동이 있다는 건 아기가 열심히 놀고 있다는 건데, 이건 아직 엄마 뱃속이 편하다는 뜻이래요. 하지만 아기가 밖으로 나오고자 골반 속으로 들어오면 머리가 꼭 고정이 돼서 태동이 적어져요. 그렇다고 아예 안 움직이면 큰일이니 병원으로 달려가도록 해요.

가진통은 치료가 없어요. 유일한 치료법은 출산뿐이에요.

미리 알았으면 좋았을 것들

새로운 가족의 보금자리 만들기

 아기가 태어날 쯤이 되면 슬슬 '아기 방'을 꾸려야 해요. 방 꾸미기다, 인테리어다, 뭐다, 말이 많은데, 사실 그냥 아기가 잘 지낼 수 있게끔 편안한 공간을 마련하는 게 전부에요. 무슨 벽지를 베이지 톤으로 새로 바른다고 무리할 필요도 없고, 굳이 '아기 가구'를 새로 짜서 넣을 필요도 없어요.

 다만 안전요소만큼은 꼭 신경 써 주세요. 아기 침대를 둔다면, 주변에 커튼이나 블라인드 줄, 벽 장식이 있는지 꼭 체크해서 피해 주세요. 아기는 손에 잡히는 건 뭐든 잡아 당기기 때문에 아주 위험해요.

 그리고 이불이나 베개는 가능하면 단단하고 얇은 것으로 준비해요. 아기는 어른과 달리 푹신한 5성급 매트리스와 극세사 솜 이불, 솜 베개를 썼다가는 질식할 수 있어요. 오히려 베개나 이불 없이 눕는 게 훨씬 좋다고 해요.

 빛을 차단할 수 있으면 아주 도움이 돼요. 우리 아기 방은 햇빛이 너무 잘 들어서, 아침에는 눈이 부시더라고요. 신생아는 하루에 15시간 넘게 자는데, 너무 밝으면 좋지 않아요. 편히 잘 수 있도록 어스름한 환경을 만들 수 있게끔 준비해요.

미리 알았으면 좋았을 것들

출산 준비물, 꼼꼼하게 체크합시다!

별달리 특별한 사유가 없다면 대개 자연분만은 2박 3일, 제왕절개는 4박 5일 동안 입원 생활을 해야 해요. 또 퇴원하고 곧장 산후조리원으로 이동해 2주를 보내야 하는데, 집 밖에서 장기간 보낼 것을 대비해 준비물을 꼼꼼하게 챙겨야 해요.

산부인과와 산후조리원에서 각각 준비물 안내를 할 텐데, 아주 필수적인 것 외에는 스스로 잘 고민해서 가져가야 해요.

아내의 경험상 가져가길 잘했다 싶은 물건들은,

: 혈액순환이 잘 되는 무봉제 양말, 수유패드, 잠옷용 여벌 원피스, 개인 컵 또는 텀블러, 손목보호대, 가슴 진정용 양배추팩, 아기 촬영용 애착인형과 디데이 달력 등 소품, 예쁜 아기 옷, 혈액 손실 보충을 위한 칼슘제-철분제, 부드러운 면 재질의 임산부용 레깅스!

굳이 가져갈 필요 없었던 물건들은,

: 입원실과 산후조리원이 워낙 더워서 아예 신을 일이 없었던 수면 양말, 아기 수유 시트, 그리고 오로 샘 방지용 산모 패드는 조리원에서 넉넉하게 제공하니 지참할 필요 없었다!

각자의 상황에 맞게 출산 준비물을 현명하게 꾸려요.

38주 3일

선택의 갈림길

아기 머리가 크다. 출산 예정일까지 2주를 앞두고 실시한 정기검진에서 아기 머리 크기가 아주 많이 크다는 진단을 받았다. 측정할 때마다 오차가 있어 39주 2일에서 40주 4일까지 꽤 범위가 넓게 나오긴 했지만, 임신 주차에 비해 거대하다는 사실은 매한가지였다.

우리 아기는 1~2주 앞서 자라고 있었다. 몸통 둘레를 측정해 몸무게를 예측하니 3.4kg이 나왔다. 지난주보다 많이 느는 것은 아니나, 이대로 2주 동안 엄마 뱃속에서 자란다면 4kg을 넘기는 것도 농담이 아니게 됐다. 의사는 아내의 배를 보더니 "한약이나 보약을 드시나요?"라고 물었다. 우스운 농담이었지만 아내는 웃지 못했다.

선택의 기로에 섰다. 의사는 "다음 주에 최종적으로 검사를 해 보아야 알겠지만, 출산 예정일보다 앞서 유도분만을 해야 할 수도 있다"라고 했다. 아내는 가능하면 자연분만을 하기를 원했다. 제왕절개에 비해 회복 속도도 빠르고 무엇보다 배를 가르는 일에 두려움이 컸다.

하지만 아기 머리가 이렇게 커서야, 힘을 빡 주면 아기가 순풍 나올 것이라는 한가한 기대를 할 수가 없게 됐다. 제왕절개를 할 것이냐 촉진제를 맞고 자연분만을 할 것이냐 일생일대의 결정을 앞두고 고민의 시간은 단 일주일뿐이다.

태동 검사는 "100점"을 받았다. 태동 검사는 아기의 움직임을 엄마가 얼마나 잘 느끼고 있는지 알아보는 검사다. 바른 자세로 편하게 누운 엄마 배에 검진기를 두 개 부착한다. 하나는 자궁의 수축을 체크하는 것이고 다른 하나는 아기의 심박수 변화를 기록한다.

아기는 움직일 때 심박수가 증가하는데 이를 근거로 태동이 언제 있었는지 측정할 수 있다. 이와 동시에 엄마는 손에 버튼을 들고 뱃속에 태동이 느껴질 때마다 한 번씩 클릭한다. 자궁 수축 타이밍과 태동 즉 아기 심박수 변화 타이밍 그리고 엄마의 버튼 클릭이 얼마나 일치하는지를 살펴보는 과정이다. 의사는 모든 그래프를 살펴보고는 아주 괜찮다고 했다.

검사에는 대략 20~30분 정도 소요되는데, 딱히 옆에서 할 수 있는 게 없던 나는 외래층에서 대기했다. 검사 과정에 대한 이야기는 아내를 통해 전해 들었다. 검사를 받는 동안 의사가 "아프지 않냐"라고 물었단다. 딱히 통증은

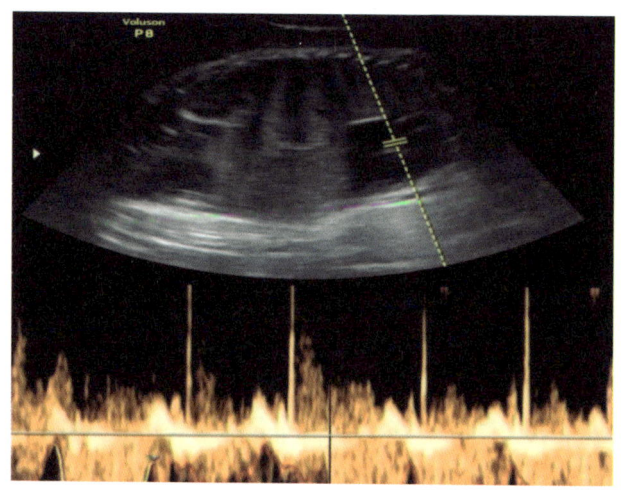

2024.03.05. 엄마 뱃속에서 듣는 마지막 심장소리

없다고 하니 "이 정도면 아픈 느낌이 있어야 하는데 통증에 민감하지 않은가 보다"라고 했단다.

아내는 겁쟁이에 호들갑 치와와인데 반해 통각이 무디다. 임신 과정 내내 배가 아프다고 낑낑거리고 데굴데굴 구른 적도 없고, 임신 전만 해도 생리통으로 고생한 적도 없다. 신기한 사람이다. 어쩌면 가진통이 많이 많이 왔는데도 잘 모르고 지나갔을 수도 있다. 검사를 마치고 나가려는 아내에게 의사는 "조만간 다시 뵙겠네요"라며 출산이 임박했음을 알려주었다.

조만간 조만간 조만간. 언제 나와도 이상하지 않다는 말을 들은 지 벌써 몇 주가 지나가고 있다. 슬슬 나도 아내도 안달이 난다. 의사가 조언하길, 빨리 아기를 만나려거든 밀가루 음식과 과일 섭취를 줄이고 많이 많이 걸으라 했다. 다른 운동은 따로 할 것 없이 그저 많이 걷는 게 제일 좋다고 했다. 밀가루와 과일만 먹고 누워 살아온 지난날을 반성하게 됐다.

아내는 살이 잔뜩 오른 아기를 끌어내리기 위해 나름대로 방책을 짰다. 첫째, 많이 걷기. 둘째, 스쿼트. 셋째, 쪼그려앉기. 식이조절은 지난밤 젤리의 유혹을 한 번

참았으니 나름대로 달성했다고 보아 제외했다. 아내는 "오늘부터 매일 2만 보씩 걷겠다"라고 굳게 다짐했다. 정말 움직이지 않는 날은 200보도 간신히 걷는 아내다. 다행히도 이날은 검사를 다녀오느라 6,000보 정도 걸었다. 20,000보라는 큰 숫자에는 달하지 못했지만 그래도 열심히 걸어보기로 했다. 그리고 자기 전에 스쿼트도 했다. 원래도 웨이트트레이닝을 좋아하던 사람이라 어렵지 않을 것이라 생각했는데, 앞으로 한껏 쏠린 배 때문인지 10개만 해도 무릎이 시렸다. 불쌍했다.

쪼그려 앉기는 화장실 청소로 대체했다. 인터넷을 찾아보고는 "바닥 걸레질이 제일 좋대. 온 집안 걸레질을 한 번 돌리고 다음날 순풍 낳았다더라고!"라며 들뜬 아내. 별안간 화장실 청소를 하겠다고 나섰다. 쪼그려 앉아서 한참 솔질을 하며 아기가 금세 나오기를 기도했다.

아내는 고통을 즐기기로 했단다. 원래 가진통처럼 느껴지는 자궁 수축 통증이나 배 뭉침, 생리통처럼 찌릿찌릿하거나 "누가 아래를 바늘로 콕콕 찌르는 것 같은 느낌"이 아주 싫어 죽겠었는데, 이제는 즐기기로 했다. 아내는 "이렇게 배가 아프다는 것은 아기가 빨리 나오겠다는 뜻이니 즐기기 모드로 간다"라고 말했다. 막판에 다다르니 고통마저 즐기게 됐다.

아기가 아주 커다랗게 자라버렸고, 더 기다리다가는 자연분만은 꿈도 못 꿀 판이니, 무슨 수를 써서라도 빨리 아기가 나오기를 바라는 것 같았다. 아기를 끌어내리기 위한 비상한 대책을 매일매일 실천하기만 한다면, 당장 이번 주말에라도 아기가 쑥 태어날 것만 같았다.

아들아, 건강하게 잘 자라는 것도 좋은데 너무 거대해지지는 말거라. 머리가 자꾸 커지니까 걱정된단다. 키도 크고 다리도 길어지고 덩치가 커지는 건 태어난 다음에도 늦지 않단다. 엄마 힘들게 하지 마, 제발.

38주 6일

영원히 잊지 못할 하루

금요일 오전, 아내로부터 "양수가 터진 것 같다"라고 연락이 왔다. 하루만 버티면 주말이니, 주말에 뭐 하고 놀면 좋을까 싱글벙글 하며 사무실에서 시간을 보내던 참이었다. 이번 주 내내 "주말에는 나오지 않을까"라며 아내와 농담을 주고 받았는데, 막상 아기가 나온다고 하니 마음이 급해졌다. 살아 생전 해 본 적 없는 일이 눈앞으로 닥치면, 아무리 시뮬레이션을 하고 마음의 준비를 했다 하더라도, 머릿속이 하얘지는 게 당연하다.

앞서 이야기한 것과 같이, 아내는 38주 정기검진에서 "아기의 머리가 상당히 크다"라는 말을 들은 뒤 혹여 자연분만을 하지 못할까 걱정이 돼, 아기를 끌어내리기 위해 다양한 노력을 거듭하는 중이었다. 후들거리는 다리로 맨몸 스쿼트도 해 보고, 쪼그려 앉아 화장실 청소를 하고, 온 집안을 돌며 걸레질도 했다. 이날도 노력은 변함 없었고, 공부를 위해 찾아간 도서관에서 쪼그려 앉아 책을 보다 양수가 터진 것이다.

"푸슈슈 하는 느낌이 들었어". 아내의 연락은 이러했다. 쪼그려 앉아 책장에서 책을 고르고 잠시간 읽고 있자니 '푸슈슈' 하는 느낌이 들며 가랑이에서 물이 샜다고 한다. 아내에게 들어 보니 아침 일찍 샤워를 하고 머리를 말린 뒤 바닥에 놓인 수건을 발로 집어 올리다 '푸슈웅' 하며 살짝 새는 느낌이 들었는데, 출산 예정일이 다가오고 있어 분비물이 늘었겠거니 하며 대수롭지 않게 넘어갔다고 했다. 그러나 이번에는 무언가 달라도 완전히 달랐다. 화장실로 달려가 확인해 보니 무색무취의 액체로 속옷이 흥건하게 젖어 있었단다. 이건 누가 봐도 양수가 터진 게 확실했다.

아내는 서둘러 집으로 돌아와 깨끗한 옷으로 갈아 입고 병원으로 달려갔다. 양수가 터지고 48시간 이내에 출산이 이루어지지 않으면 태아나 산모나 세균 감염의 위험성이 높아진다. 한시가 급했다. 병원을 찾아가 자초지종을 설명하고 검사를 받으니, 양수가 터진 게 맞고 당장 유도 분만을 시작해야 한다는 판단을 받았다. 아내는 곧장 분만실로 이동했고 유도 분만 촉진제며 항생제며 수액이며 온갖 바늘을 꽂은 채 침대에 누웠다.

나도 아내에게 연락을 받고는 회사를 조퇴하고 집으로 달려갔다. 오전 11시 반쯤이었다. 아내는 태평하게도 "퇴근하고 와도 안 늦을 것 같은데?"라고 했지만, 돌이켜보니, 이 말을 듣고 진짜로 퇴근하고 병원에 갔으면 평생의 원한을 쌓을 뻔 했다. 양수가 터져서 아기가 나온다는데, 회사고 나발이고 아무것도 중요하지 않았다.

미리 싸 둔 '출산 가방'을 바리바리 챙겨 병원으로 가니 아내는 분만실 침대에 얌전히 누워 있었다. 머리맡에 비닐 봉지가 있길래 무엇이냐 물으니 "항생제를 한 번에 대량으로 맞아서 구역질이 난다"라고 했다. 이때만 해도 "와! 출산은 시작부터 엄청 힘들구나!" 싶었는데, 이건 출산 자체에 비하면 새 발의 피도 아닌 수준이었다.

아내가 다니는 A 산부인과는 '가족분만실'을 운영한다. 그래서 지금 누워 있는 자리에서 유도분만 촉진제를 맞고, 진통을 하고, 그대로 같은 침대에서 출산까지 하게 됐다. 뜨끈뜨끈한 병실에서 땀을 뻘뻘 흘리며 누워 있는 아내와 초록색 수술복을 입고 앉은 나. 출산이 목전에 다가왔음이 실감 났다.

12시 45분, 유도분만 촉진제 투여량을 한 단계 높였다. 양수가 터지고 얼마 지나지 않았고 초산인지라 반응이 빨리 오지 않았다. 진통의 수준은 묵직한 생리통 정도였다. 조산 간호사가 수시로 들어와 내진을 하며 자궁 문이 얼마나 열렸는지 확인하는데, 대략 3cm 정도 열렸다고 했다. 아직은 당장 아기가 나올 상황은 아니어서, 아내나 나나 설렘 반 기대 반, 약간의 두려움을 느끼며 사진을 찍고 TV를 보고 농담을 하고 여유를 부렸다.

14시 50분, 무통주사 라인을 삽입했다. 당장 약을 넣는 것은 아니고 미리 삽입만 해 두는 것이라 했다. 옆으로 누워 새우 등 자세를 하고 있으면 마취 전문의가 척추를

짚으며 위치를 찾고, 얇고 투명한 관을 찔러 넣는다. 아주 아주 얇은 라인이라 등을 깔고 누워도 아프지 않다고 했다. 유도 분만 촉진제를 최대치로 올린 지 1시간이 지나는 때였음에도 큰 반응은 오지 않았다. 정말 말도 안 되게 오래 걸리면 어쩌지 싶은 마음에 괜히 불안해졌다.

    16시 10분, 걱정은 필요 없었다. 촉진제를 최대치로 올린 지 두어 시간쯤 지나자 진통이 시작됐다. 묵직한 고통이 밀려왔고, 배에 힘이 들어가기 시작했다. 이쯤 무통주사를 처음 맞았다. 무통주사는 2시간 정도 효과가 유지되는데, 이 사이에 열심히 배에 힘을 주어 아기를 밑으로 내려야 한다고 했다. 양쪽 하반신에 약이 골고루 잘 전달될 수 있도록 천장을 보고 누웠고, 조산 간호사의 내진에 맞춰 숨을 '흡!' 참으며 아기를 밀어내는 연습을 했다. 자궁 문은 대략 4~5cm 정도 열려 있었다. 아기는 엄마 뱃속이 편안한지, 여전히 밑으로 내려오지 않았다. 조산 간호사가 열심히 배를 마사지하며 아기를 밀어내렸다.

    18시 25분, 무통주사의 '약발'이 거의 다 떨어졌다.

배에 전해지는 고통이 강해졌고 참을 수 없는 통증이 밀려왔다. 내진을 하니 자궁 문이 8cm까지 열렸다. 10cm면 다 열렸다고 보니, 거의 막바지에 다다른 셈이었다.

아내는 몸부림쳤다. 환자복이 흥건히 젖을 정도로 땀을 뻘뻘 흘리고 있었고, 눈물 콧물 범벅이 되어 울부짖었다. 빠르면 1분 늦어도 2분 간격으로 반복되는 진통에 아내는 기진맥진했다. 진통을 반복한 지 30분이 지나가자 아내는 거의 탈진한 상태로 엉엉 울며 "살려줘", "더는 못하겠어"라며 애원했다. 눈물을 줄줄 흘리며 나를 바라보는 아내의 눈빛에, 나도 모르게 눈물이 났다. 아빠는 강해야 하니 울면 안 된다고 생각했지만, 고통에 신음하는 아내를 보니 눈물을 참을 수 없었다. 내가 할 수 있는 일이라고는 아내의 손을 꼭 쥐고, 머리를 쓰다듬고 "잘하고 있다" 다독이는 게 전부였다. 아내에게 들키지 않도록 눈물을 다시 집어넣기 위해 몇 번이고 천장을 보았다.

죽을 듯한 고통이 1시간 넘게 이어지자 아내는 무통주사를 더 달라 절규했다. 하지만 의사는 아플 때 힘 주는 연습을 해야 한다며 거절했다. 무통주사를 맞으면 배에 힘 주는 타이밍을 잡기 어려워지고, 그럴수록 출산에 걸리는 시간만 길어질 뿐이라고 했다. 지금 편하자고 무통주사를 계속 맞았다가는, 언제까지고 아기를 낳을 수 없고 10시간이고 20시간이고 진통이 늘어져 오히려 더 힘들다고 했다. 내진을 하니, 현재 안쪽 골반에 아기가 걸려 있어 힘주기가 어려운데, 이 구간만 넘어가면 자연스럽게 힘 주기가 수월해질 것이라고 했다. 아기의 머리카락이 만져지는 상황이니 조금만 더 힘내 보자고 했다.

    20시 정각, 아내는 더 짜낼 힘이 없었다. 병실 베드에 달린, 배가 아플 때 꽉 잡고 당기며 힘을 주라고 달아 놓은 철제 핸들의 손잡이가 빠지도록 당기며 견디길 2시간이 지나는 참이었다. 진통의 간격은 더더욱 짧아졌고, 이제 주기랄 것도 없이 시도 때도 없이 고통이 밀려왔다. 숨을 깊게 들이마시고 '흡!' 참은 상태로 힘을 주어야 하는데, 호흡을 어떻게 하는지, 배에 힘을 어떻게 주어야 하는지, 신경 쓸 겨를이 없었다. 몸은 비비 꼬였고 땀과 눈물에 젖어 머리카락이 얼굴이 다 달라 붙었다. 아주 소량의 무통주사를 추가로 맞았으나, 아무런 도움이 되지 못했다. 나는 아내가 힘을 줄 때마다 어깨와 목을 받쳐 들어주었는데, 아내의 몸이 축축히 젖어 있는 게 느껴졌다.

발작하듯 부들부들 떠는 아내를 껴안고 들어 올리며 참을 수 없는 슬픔과 '할 수 있는 게 없음'에 밀려오는 무력감이 사무쳤다.

20시 20분, 결국 흡입 분만을 하기로 했다. 분만 준비는 속전속결이었다. 대기 중이던 의료진들이 온갖 장비를 챙겨 우르르 들어왔고, 나는 잠시 밖으로 밀려났다. 분만실 안에서 들려오는 아내의 울부짖음을 벽 사이로 들으며 차가운 복도에 앉아 있으려니 시간이 멈춘 것만 같았다.

"보호자 들어오세요". 간호사의 부름에 황급히 들어가니 아기가 딱 태어나기 직전인 상황이었다. 나는 아내의 머리맡에 서서 아내의 손을 꼭 잡았다. 의사와 간호사는 아내의 다리에 씌워놓은 천막 건너편에서 아기를 꺼내느라 여념이 없었다. "힘 주지 말고 후우 하세요, 후우". 흡입기로 아기의 머리를 잡고는 살금살금 꺼내는 듯했다. 온갖 기계들이 내는 '삐삐' 소리, 의사와 간호사의 집중하는 숨소리, 어두컴컴한 병실, 아내의 땀 냄새까지. 정말이지 분만실은 정신이 하나도 없었다.

20시 36분, 아기가 태어났다. 의사가 아기를 거꾸로 들고 흔드니 "응애!" 소리가 울려 퍼졌다. 3.56kg의 거대한 녀석이었다. 탯줄은 내가 잘랐다. 차가운 가위 너머로 서걱서걱 잘리는 촉감이 전해졌다. 아기가 태어났다고 모든 게 끝은 아니었다. 탯줄을 고정한 아기를 체중계에 올려 무게를 달고, 온열 베드로 옮겨 손가락 발가락이 다 달려 있는지, 입 천장에 구멍은 없는지, 척추는 휘지 않았는지 등 외관을 싹 살폈다. 그 사이 아내는 회음부 봉합에 들어갔다. 의사, 간호사, 간호조무사 모든 의료진이 일사분란 움직이며 맡은 바를 척척 해냈다. 나는 얼떨떨한 채 간호조무사가 시키는 대로 사진만 열심히 찍었다.

  아기를 건네 받은 아내는 "안녕" 인사를 했다. 아기는 눈도 뜨지 않고 낑낑거리는 게 전부였다. 이 핏덩이가 내 새끼라니. 한 손으로 고생한 아내의 이마를 쓰다듬고, 한 손으로는 아기의 볼을 찔렀다. 나와 아내와 아기, 세 가족이 한 자리에 모인 첫 순간이었다. 눈물은 나지 않았다.
  그저 계속 웃음만 났다.

여섯

반가워 사랑해

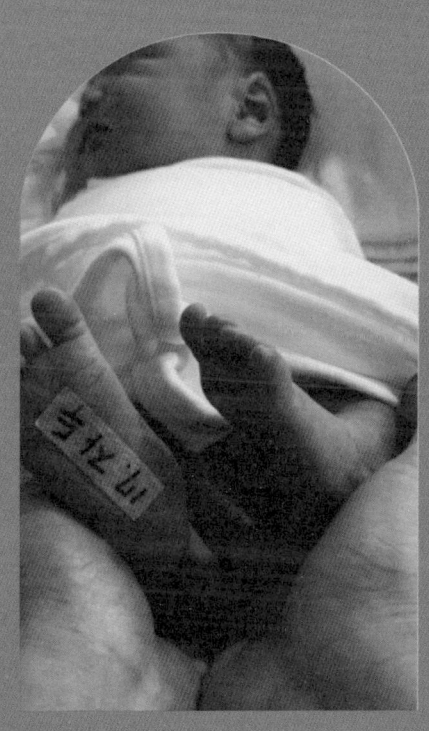

남편이 쓰는 임신수첩

김호진 에세이

1~3일

사흘간의 입원실 라이프

 아기가 태어나는 순간, 의외로 아빠가 할 일이 많다. 아내의 손을 꼭 쥐고 이마를 짚는 것 외에도, 갓 태어난 아기의 탯줄을 자르거나 온열 베드에서 아기의 손가락, 발가락, 두상, 눈코입, 입천장, 생식기, 척추 등 외관을 확인하는 일, 아기의 체중을 눈으로 확인하고 온갖 장면을 카메라에 담는 일까지. 분만실 안에서 벌어지는 약 5분간의 허둥지둥만 해도 꽤나 바쁘다.

 분만실 침대에 누워 있는 아내를 대신하여 간호조무사가 지시하는 이것저것을 다 해치워야 한다. 방금 태어난 아기가 응애 응애 울어대는 어두컴컴한 분만실에서 제

정신을 차리고 있기란 여간 어려운 일이 아니다.

다음 할 일은 아기와 함께 입원 층으로 올라가기. 신생아실 담당자와 함께 아기를 수레에 싣고 입원 층으로 올라가, 신생아실에서 방금 태어난 아기를 닦고 관리하는 동안 나는 입원실에서 잠시 대기한다. 대략 20분쯤 지나자 병실에 전화가 왔고 물티슈를 챙겨서 신생아실로 오라는 안내를 받았다. 헐레벌떡 신생아실로 달려가니 창문 건너로 아기를 보여줬다.

조명 아래에서 처음 본 아기는 아직 얼굴이며 온몸에 이것저것 분비물이 묻은 상태로, 파랗기도 하고 빨갛기도 하고 우글쭈글 물에 불은 듯 요상한 모양이었다. 눈을 뜬 건지 감은 건지, 눈알을 희번덕 하다가도 데굴데굴 굴리다가도, 의식이 몽롱한 술 취한 아저씨 같은 느낌이었다. 아주 귀여운 순간이다.

여담이지만 챙겨간 물티슈는 반려 당했다. 너무 작다는 게 이유였다. 재차 편의점에서 아기용 물티슈를 사서 가져다주니 '하○스' 물티슈는 발진 이슈가 있다며 또 돌려보냈고 '브○운' 물티슈로 다시 사 오라고 했다. 발진 이슈가 심각한 거냐 되물으니 "산모에게 설명했는데? 못 들었나? 가서 산모한테 물어보시지"라며 툴툴거렸다. 이럴 거면 처음부터 브랜드와 용량을 제대로 지정해서 알려줄 것이지, 몇 번이고 왔다 갔다 똥개 훈련을 시키는 게 정말 기분이 안 좋았다. 이도 저도 아니게 반말을 섞으며 깔보는 듯한 말투를 쓰는 것도 짜증이 났다. 이제 겨우 첫째 아이를 낳은 주제에 뭘 자꾸 반문하느냐는 식의 태도였다.

나중에 아내에게 들어보니, 신생아실 간호조무사 혹은 아기를 돌보는 직원이 틈만 나면 "우리 아기가 흡입분만으로 태어나서 너무 힘들어 해요. 머리가 튀어나와서 아파해요. 우리 아기가 힘들어서 자꾸 우네요"라고 했단다. 아기는 내가 낳았는데, 그걸 왜 당신들이 뭐라고 하시나 싶었단다. 그리고 엄밀히 말하자면, '우리 아기'가 아니라 '내 아기'다. 가뜩이나 호르몬이 널뛰기 하는 마당에, 아무렴 걱정에서 하는 말이더라도, 괜히 타박하는 듯이 들리니 짜증나는 건 어쩔 수 없었다.

아기가 힘들어하는 모습을 보고 가장 고통스러운 건 아내일 텐데, 잘 힘주어 낳지 못해 아프게 해서 미안한 마음인데, 같잖은 잔소리를 해대니 굉장히 짜증이 났단다. 이 병원은 의사나 간호사는 나름대로 살가운데, 간호조무사나 기타 잡무를 보는 분들이 반말을 대놓고 섞어가며 잔소리를 하고, 도무지 환자에 대한 배려가 없는 느낌이었다. 왜들 그러는지 모르겠다.

하여튼 나는 신생아실 앞에서 아기의 초기 검사 등 안내를 받고 분만실로 내려갔다. 아내도 회음부 후처리를 마치고 안정 중이었다. 서로 어땠는지 감상을 주고받으며 "땀을 뻘뻘 흘리고 얼굴에 머리카락이 덕지덕지 붙고 난리도 아니었다"라며 웃고 떠들었다. 자연분만인 덕에 출산 직후부터 둘이 대화하고 농담하고 행복한 시간을 보낼 수 있었다. 제왕절개였다면 이 재미를 느끼지 못했겠지. 끝까지 자연분만으로 힘낸 우리 아내에게 정말 감사하다. 진짜 대단한 사람이다.

2박 3일간의 입원 생활은 나름 괜찮았다. 늦은 저녁에 출산을 한 탓에 아내의 첫 식사는 밤 11시가 넘어서였다. 유도 분만 촉진제를 맞는 순간부터 즉시 금식해야 한다는 사실을 몰랐다며, 이럴 줄 알았으면 아침밥으로 스콘에 아이스 아메리카노가 아니라 소고기 국밥을 먹었어야 했다고 온종일 울먹이던 아내가 드디어 밥을 먹었다. 심심한 미역국과 말라버린 동태전, 반찬 몇 가지.

아내는 허겁지겁 밥을 먹어치우고는 간식을 찾았다. 쌍쌍바와 젤리 특히나 자두 알 젤리와 하리보, 편의점 카페라테, 조미김. 온종일 굶으며 힘을 준 탓인지 식욕이 폭발했다. 어차피 보호자 식사가 제공되지 않는 탓에 편의점을 다녀올 참이었으니, 기왕에 나간 김에 양손 가득 보급품을 챙겨서 돌아왔다. 아내와 나는 밤 12시가 넘도록 간식을 나눠먹고 떠들고 놀며 출산 첫날밤을 보냈다. 아직 부모가 되었다는 실감은 들지 않았다.

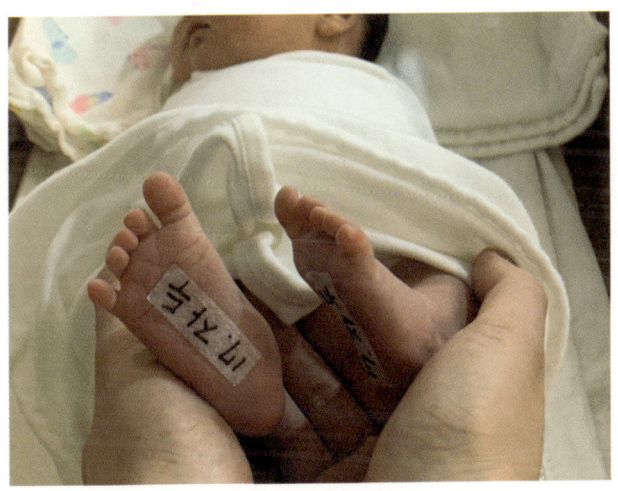

2024.03.10. '김자두'의 발바닥

아내가 입원한 동안 남편은 무엇을 하는가. 우선 몸이 불편한 아내를 위해 앉거나 설 때 부축을 해야 한다. 아직 복근을 제대로 쓸 수 없는 상황인데다가 회음부 절개까지 해 놓은 탓에, 아내는 혼자 몸을 일으키지 못한다. 겨드랑이 사이에 양 팔을 넣어 불끈 들어주어야 한다.

또 산모는 출산 이후 며칠간 갑자기 현기증이 밀려와 쓰러질 수 있는데, 이를 대비해 항상 옆에서 팔짱을 끼고 걸어야 한다. 화장실에 갈 때도 마찬가지다. 일을 보러 가든, 양치를 하러 가든, 간단히 거울을 보러 가든 간에 상관없이 무조건 화장실 앞까지 모셔드리고 문 앞에서 대기해야 한다. 불상사는 '설마' 할 때 찾아오기 때문에 긴장을 늦출 수 없다.

또 다른 임무는 심부름이다. 출산 가방을 아무리 꼼꼼하게 잘 준비했다고 해도, 분명 무조건 하나씩 꼭 빠지는 게 있다. 꼭 필요한 물건을 빼먹는 경우는 별로 없는데, 여분의 칫솔이나 속옷, 물컵, 마스크, 머리끈 그리고 가장 중요한 '풍부한 간식'을 중간에 한 번 충전해야 한다. 우리는 다행히도 집이랑 가까운 곳에서 출산을 하고 산후조리원을 잡아두었기 때문에 공유 자전거를 타고 15

분이면 집까지 왕복이 가능했다. 아내가 낮잠을 자거나 좌욕을 하는 사이에 틈틈이 집에 들러 필요한 물품을 챙겨 왔다. 사지 멀쩡한 게 유일한 재능인 덕에 열심히 심부름꾼 노릇을 했다.

병실 바닥에 매트를 깔고 자는 건 어렵지 않았다. 첫날밤에는 워낙 정신도 없었던 탓에 보호자용 덮는 이불과 베개가 있다는 사실을 알지 못해서, 그냥 매트만 깔고 아기 담요를 돌돌 말아 베고 점퍼를 덮은 채 잠에 들었다. 알고 보니 린넨장에 다 들어 있었다. 그래도 병실 자체가 워낙 덥고 건조해서 자는 내내 춥지는 않았다.

입원 3일 차 아침. 주치의의 회진을 받고 퇴원했다. 아내와 나는 이불에 둘둘 싸인 아기를 안고 산후조리원으로 이동했다. 병원 앞 횡단보도를 하나만 건너면 되는 아주 가까운 거리에 산후조리원을 잡아두었는데, 지금 생각해도 참 잘한 결정이다. 태어난 지 3일 된 신생아를 차에 싣고 다녔으면 아마 극도로 긴장해서 벌벌 떨었을지 모른다. 이로써 입원 라이프는 끝이 났고, 호텔처럼 멋지게 꾸민 산후조리원에서 즐기는 신나는 2주간의 몸조리가 시작됐다.

3~6일

산후조리원, 2주간의 마지막 휴식

　　산후조리원으로 장소를 옮겼다. 아침 일찍 입원실 퇴원 수속을 마치고, 11시쯤 신생아실에서 아기를 건네 받고 도보로 이동했다. 산부인과 바로 앞에 길만 건너면 닿는 거리에 산후조리원을 예약해 두었는데, 정말 잘했다고 생각했다.

　　방금 태어난 따끈따끈 갓난아기를 차에 태우고 이리저리 돌아다녔다가는, 긴장에 긴장에 정신을 잃었을지도 모르겠다. 이불에 둘둘 말아 가슴에 꼭 껴안고 있는데도 불안한데, 차에 태우고 다닌다니. 정말 상상만으로도 오금이 저리다.

산후조리원은 호텔 같았다. 20년도 더 전에 갔던 머나먼 옛날의 산후조리원과는 사뭇 달랐다. 그때는 온통 뜨끈뜨끈하고 습하고 침침한 느낌의 기억이 남아 있는데, 요즘 산후조리원은 고급스러운 호텔 스타일로 꾸미는 게 유행인 듯하다.

　　방도 아주 넓은 1인실로, 어디 잘나가는 호텔의 퀸 베드 룸을 따놓은 것 같은 인상이었다. 커다란 TV에 개인용 냉장고가 별도로 있었고, 화장실은 아주 넓고 쾌적했다. 심지어 모션 베드가 있어서 몸을 일으키기 어려운 아내에게도 딱 좋았다. 산후에 꼭 필요한 좌욕기도 개인별로 쓸 수 있게끔 설치되어 있었다. 이 정도면 2주에 300만 원이라는 비용이 꼭 바가지만은 아니라는 생각이 문득 들었다.

　　2주 동안 지낼 방을 배정 받고 짐을 살짝 풀고 있으니 실장이라는 분이 들어와 이것저것 설명을 해 주었다. 밥 때는 언제고 시설은 어디에 무엇이 있고 특히나 위생 관리는 어떻게 해야 하며 등등. 2주 간 내 집처럼 편하게 지내기 위해 꼭 필요한 정보들이었다. 실장이라는 분을 보니 말끔한 유니폼 차림에 꼿꼿한 자세가 아주 전문적인 이

미지로 보여서 참 괜찮았다.

다만 이곳의 특징인지는 모르겠지만 자꾸 반말을 섞어서 했다. 존댓말에 반말을 섞는 게 아니라, 오히려 반말에 존댓말을 조금씩 섞어서 말한다고 해야 할 정도로 반말의 비중이 높았다.

이는 실장 다음에 들어온 원장도 마찬가지였다. 연세 지긋한 엄마 뻘 원장이 "마음 편하게 지낼 수 있도록" 친근감을 강조하기 위한 수단으로써 반말을 쓰는 것 같았는데, 친근감은 내가 결정하는 거지 왜 당신이 반말을 쓰며 친근감을 주려고 하는 건지 잘 이해가 안 됐다.

산부인과도 그렇고 산후조리원도 그렇고 간호조무사나 기타 업무를 봐주시는 분들은 기본적으로 반말을 쓴다. 아주머니들의 특징일까. 받아들이기에 따라 다르겠지만, 꽤나 불쾌한 경험이었다. 욱하는 마음에 한 마디 하려다가도 우리 아기를 돌보는 사람들인데 괜히 척질 필요 있나 싶어서 꾹 삼켰다.

사회 전체적으로 코로나 팬데믹이 끝났다고는 하나 신생아가 여럿 모여 지내는 산후조리원에서는 여전히 코로나 태세가 유지되고 있었다. 산모든 보호자든 코로나

신속 항원 검사를 받고 음성 결과지를 내야지만 들어갈 수 있단다. 다만 우리는 주말이었기 때문에 자가 검사 키트로 일단 처리하고, 월요일에 잽싸게 병원을 다녀오는 것으로 정리했다. 같은 건물에 내과가 있어서 아주 손쉽게 검사를 받을 수 있었는데, 역시 병원은 한 건물에 옹기종기 모여 있는 게 최고라고 생각했다.

아내와 아기를 산후조리원에 들이고 나니, 한 숨 돌릴 수 있었다. 양수가 터지고 아기가 태어나고, 며칠 간의 입원에 산후조리원 입소까지. 정말이지 폭풍처럼 몰아치는 이벤트들 덕분에 정신이 하나도 없었다. 집으로 돌아와 가만히 앉아 있으니 정신적으로도 체력적으로도 고갈된 기분이었다. 그래도 마냥 푹 쉴 수만은 없었다. 고생해 아기를 낳은 건 아내고, 앞으로 열심히 회복해야 하는 것도 이내다. 그저 곁다리로 옆에 붙어 있는 게 전부였던 나도 이렇게나 힘든데, 아내는 얼마나 힘들지 생각하니 쉼 자체가 사치스럽게 느껴졌다.

월요일이 되었다. 회사는 하루 쉬기로 했다. '아빠의 할 일'이 아직 남았기 때문이다. 산후조리원에서 푹 쉬고 있을 아내를 대신해 이것저것 행정 처리를 해야 했다. 먼저 아기가 태어나기 전부터 옥편을 뒤지고 각종 작명법을 훑으며 나름대로 구상하였던 이름 후보들 중에 제일 좋은 놈을 골라 출생신고를 했다. 출생신고는 생각보다 간단했다. 신고 서류를 잘 작성하고 출생증명서를 붙여서 제출하면 끝이다. 한자 이름을 잘못 고르면 어쩌나 싶었는데, 아예 리스트를 뽑아 동그라미를 치는 식으로 오류를 배제했다. 워낙 틀리는 사례가 많아서 그런지 대비가 잘 돼 있었다.

출생신고를 마치고 복지 창구로 넘어가 '첫만남이용권'부터 '부모급여'나 각종 지원을 신청했다. 나라와 시, 구에서 제공하는 서비스를 한 번에 합쳐서 신청할 수 있게 되어 있었다. 아주 간단했다. 며칠 뒤 모든 신청이 잘 마무리 됐고, 이달부터 당장 급여가 지급될 거라는 연락이 왔다. 역시 행정의 대한민국이다. 구청 업무를 마치고 집으로 돌아와 전기 요금 감면 신청까지 마무리했다. 잠시 쉬며 친지들에게 출산 소식을 전했고, 아기 방을 청소했다. 연신 쏟아지는 축하 연락을 받으며 아기 방을 꾸리고 있자니, 아들이 태어났다는 사실이 조금은 실감이 났다.

6~10일

신생아 황달, 애타는 부모 마음

　평화로운 목요일 오후, 아내로부터 급히 연락이 왔다. 산후조리원의 소아과 회진에서 아기의 황달 수치가 너무 높으니 서둘러 큰 병원으로 가야 한다는 진단을 받았다고 했다. 업무 미팅을 마치고 느긋하게 커피를 마시며 수다를 떨고 있던 참이었는데, 청천벽력 같은 소식이었다. 서둘러 사무실에 돌아가 자초지종을 설명하고 즉시 퇴근해 아내에게 향했다. 신생아 황달은 익히 들어 알고 있었지만 막상 내 일이 되니 정신이 없었다.

　신생아 황달은 태어난 지 사나흘 정도 된 아기의 피부가 노란색으로 뜨다가 일주일쯤 지나 가라앉는 증상을 말하는데, 건강에 이상이 없는 신생아 중 60% 이상이 겪는 아주 보편적인 현상이다. 황달은 생리적 황달과 병리적 황달로 나뉘는데, 자연스럽게 발생하는 생리적 황달은 아무런 걱정 할 필요가 없지만, 빌리루빈의 수치가 기준치 이상으로 올라가는 병리적 황달은 치료가 필요하다. 우리 아기는 생리적 황달이라 안심하기에는 그 증상이 심상치 않았던 것이다.

    내가 회사에서 집으로 향하는 동안, 아내는 산후조리원 인근의 대형 소아과 W 병원에 가 검사를 받았다. 산후조리원에서도, 병원에서도 "육안으로 보기에 이미 수치가 너무 높으니 여기에서는 할 수 있는 게 없다"라는 일관적이고 고통스러운 답변만 돌아왔다. 처치할 수 있는 게 없는 상황인데, 즉시 대학병원을 가지 왜 여기로 오셨냐는 타박 아닌 타박을 듣기도 했다. 어쩌겠나, 대학병원이 파업 중이라 의사가 없는 것을.

    아내와 아기를 차에 태우고 이리저리 돌아다니며 치료받을 수 있는 병원을 찾아 헤맸다. 그러나 급히 갈 수 있는 병원은 없었다. 의대 정원을 늘리겠다는 정부의 방침에 반발해 모든 대형 병원의 의사들이 파업에 나섰기 때문이다. 의사로서 환자를 돌보겠다는 다짐은 어디로 갔는지, 의사들이 환자를 버리고 병원을 떠난 탓에 갈 수 있는 대학병원이 없었다. I 대학병원, H 대학병원, S 종합병원 등 온갖 곳에 전화를 돌렸지만 곧장 받아주겠다는 곳은 없었다. 아예 응급실 이용 자체가 불가하다는 곳도 있었다. 저 멀리 강남의 끄트머리에 있는 어딘가에는 자리가 있다는 얘기를 들었지만, 이미 퇴근길 러시아워가 걸린 마당에 차로 이동한다 해도 2시간 가까이 걸릴 거리였다.

하다 못해 대학병원 응급실에 근무하는 지인에게 사정을 털어놓고 도움을 애원했다. 옆에 앉아 안절부절못하던 아내도 온갖 병원에 전화를 걸어댔다. 이놈에 전화는 도대체가 왜 이렇게도 연결이 안 되는 건지 애타는 부모의 마음을 아는지 모르는지 야속하기만 했다.

아내는 이때의 경험을 돌이켜 "정말 개 같은 시간이었다"라고 평가했다. 딱 맞는 말이다. 신생아를 돌볼 수 있으며, 황달 치료를 위한 광선치료기가 있는, 단 두 가지 조건을 만족하는 병원이 없다는 게 말이 되나. 한참 애 태우기를 두어 시간. 그나마 가까운 K 대학병원에 기대를 걸어보기로 했다. 전화로 사정을 설명했을 때 소아과 이용이 불가하다는 말을 듣기는 했지만 "일단 쳐들어가서 '신생아인데 제발 봐달라'고 싹싹 빌어라"라는 W 병원 의사의 조언을 실천하기로 했다.

다행히 K 대학병원에서 아기를 받아줬다. 원무과에서 설명하기를 소아과는 안 된다고 했는데, 응급실은 제대로 작동하고 있었다. 원무과 말만 듣고 포기했더라면 정말 억울했을 뻔했다. 때때로 밑져야 본전으로 일단 들이받고 보는 것도 도움이 된다.

접수 절차를 마치고 피 검사를 하니 빌리루빈 수치가 21mg/dL이 나왔다. 신생아 황달의 경우 빌리루빈 수치가 5mg/dL 정도에 머무르고 아무리 높아도 12mg/dL를 넘지 않는 게 대부분인데, 우리 아기는 이미 위험 기준인 20mg/dL을 넘은 것이다. 22mg/dL을 기준으로 뇌세포까지 황달로 물드는 '핵황달' 진행 여부를 판가름한다는 의사의 설명을 듣고 있자니, 정말이지 가슴이 철렁 내려앉고 애간장이 녹는 기분이었다. 다행히 광선치료 자리가 딱 하나 남아 있다고 하여, 간신히 신생아 중환자실에 들어갈 수 있었다.

입원 수속을 마치고 한 시간 정도 대기했을까. 면회 시간이 됐다. 소독약으로 팔뚝까지 깨끗하게 씻고, 온몸을 감싸는 비닐 옷을 둘둘 입은 채 아기를 보러 갔다. 외부에서 출생한 우리 아기는 다른 아기들과 격리돼 있었다. 아기는 광선치료를 위해 온통 새파란 빛으로 가득한 인큐베이터에 들어가 있었다.

내 손목의 절반도 되지 않는 가느다란 팔뚝에 수액 바늘이 꽂혀 있었다. 삐 삐 소리를 내는 기계들과 온갖 수액 라인 사이에 누워 있는 아기를 보고 있자니, 미안한 마음에 울컥했다. 아내도 연신 "안녕, 힘내"라고 작은 소리로 응원을 건넸고, 살며시 울고 있었다.

살다 살다 아기를 중환자실에 맡기는 날이 올 줄은 꿈

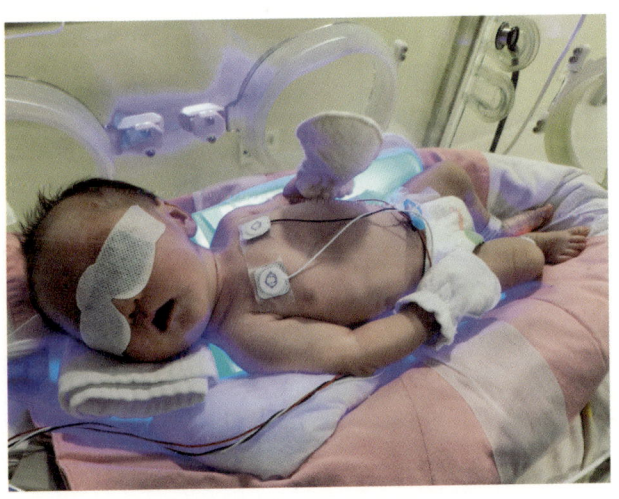

2024.03.15. 다시는 아프게 하지 않을게

에도 몰랐다. 신생아 면회는 하루 두 번 점심 저녁에 가능했다. 담당 교수가 회진하는 점심에는 아내가 면회하고, 저녁 시간에는 내가 면회하기로 했다. 출산한 지 일주일도 되지 않아 몸조리도 제대로 하지 못한 아내가 아기를 돌보기 위해 매일 같이 병원을 들락거려야 하는 현실이 너무나도 안타까웠다. 누구보다 편히 쉬고 싶을 텐데, 힘든 내색 없이 씩씩하게 이겨내고 있는 아내에게 감사했다.

입원 다음날도 또 다음날도 번갈아가며 아기를 면회했다. 어느새 중환자실 출입용 비닐 옷을 입는 게 익숙해져 있었다. 살면서 굳이 익숙해질 필요가 없는 것들이 여럿 있는데, 이 또한 마찬가지다. 두 번 다시 하고 싶지 않은 일이다.

입원시키는 날 중환자실 앞에 앉아 대기하고 있을 때, 저녁 면회를 위해 우르르 몰려온 부모들이 아주 자연스럽고 익숙하게 준비하는 모습을 보며, 내심 안타까운 마음이 들었는데, 그게 내 모습이었다. 사랑스러운 아기와 만나기 위해 매일 점심 저녁 마음을 졸이는 부모가 이렇게나 많을 줄이야. 세상 모든 부모는 존경받아 마땅하다.

여담이지만, 의사 파업으로 인해 신생아 중환자실에

서 감당할 수 있는 환자 수가 극도로 적어졌다고 한다. 의사가 줄어든 만큼 베드도 줄인 것이다. 그나마 K 대학병원은 병동이라도 유지되고 있지, 일부 대학병원에서는 아예 소아과를 없애버린 곳도 있다고 했다.

우리 아기 역시 중환자실에서 치료를 받는 게 원칙적으로는 맞으나, 아기는 몰려오고, 볼 수 있는 의사는 없고, 베드는 미어터지니, 상황을 봐서 일반 입원 병동으로 올려버리는 수가 있다고 했다. 물론 보호자의 동의하에 이루어지는 일이기는 하나, 방금 태어난 아기가 외부인이 자유롭게 들락거리는 일반 병동으로 가서 치료를 받아야 한다니! 의사 파업 문제에 대해 아무런 생각도 없었는데, 내 일이 되니 괜히 원망스러운 마음이 들었다.

사흘째가 되니 아기의 상태가 꽤나 안정됐다. 21mg/dL에서 17mg/dL로, 또 9mg/dL로 빌리루빈 수치가 점차 내려가고 있었고, 실제 육안으로 보더라도 피부가 밝아진 것이 느껴졌다. 잠자는 모양새도 훨씬 편해 보였다. 퇴원 가능한 수치까지 내려오기는 했으나, 광선치료기를 떼었을 때 급히 수치가 돌아올 수도 있으니 하룻밤 지켜보고 퇴원 여부를 결정하기로 했다.

나흘째 되던 날 아침, 병원으로부터 퇴원해도 된다는 연락이 왔다. 빌리루빈 수치가 아주 안정적인 상태로 떨어졌고, 활력 징후도 괜찮으니 집으로 돌아가도 된다고 했다. 아침 일찍 바리바리 짐을 싸 들고 병원으로 갔다. 아기를 차에 태우고 산후조리원으로 향하는 내내 더는 아프지 않기를, 더는 고통받지 않기를 기도했다. 아내도 아기도, 생애 처음 해 보는 어려운 일들이라 많이 힘들었을 텐데, 잘 이겨내 주어서 고마울 따름이었다.

결혼할 때, 내 삶은 이제 나만의 것이 아니라는 다짐을 했다. 나만 잘 먹고 잘 살면 되는 게 아니라, 나를 믿고 함께해 준 아내의 삶까지 짊어지고 가야 한다고, 집안의 기둥이 되어 잘 보살피겠다고 다짐했었다. 아기가 태어나고 보니, 내가 책임지고 보호해야 할 생명의 무게가 더 묵직하게 다가왔다. 사랑하는 아내와 아기가 행복하게 건강하게 잘 먹고 잘 살 수 있도록, 내가 할 수 있는 모든 일을 다해야겠다.

16일

아내가 돌아왔다, 진짜 육아가 시작됐다

아내가 산후조리를 마치고 집으로 돌아왔다. 아기도 함께 왔다. 갑작스러운 양수 파수로 헐레벌떡 집을 떠난 지 꼬박 보름 만이다. 아내 없이 지내는 시간이 얼마나 길었던가. 둘이 복작거리며 살다가 갑자기 한 사람이 사라지고 나니 빈자리가 꽤 크게 느껴졌다.

그리고 나 혼자 집안을 데우기에 역부족이었는지 괜스레 온 집안이 춥게 느껴졌다. 그러다 보름 만에 집에 사람이 들어오니 온기, 활기, 생기가 가득 찬 것만 같아서 아주 좋았다. 게다가 아기까지 함께 오니까 몸도 마음도 꽤나 훈훈한 느낌이 들었다.

일주일 만에 만난 아기는 꽤 커 있었다. 사진으로만 보다가 직접 만나니 확실히 느껴졌다. 이 시기의 아기들은 먹기만 하면 쑥쑥 자라는 폭발적인 성장력을 보여준다. 태어났을 때 3.56kg이었는데, 이래저래 체중이 좀 주는가 싶더니 어느새 4kg이 넘어버렸다. 안았을 때 느껴지는 묵직함이 달랐다. 팔다리도 길쭉해지고 몸통도 은근 두툼해졌다. 흡입 분만의 흔적이었던 콘헤드는 슬슬 가라앉고 두상도 둥그렇게 변하기 시작했다. 꼬깔콘 꼬맹이는 이제 안녕이다.

아기의 등장과 함께 시작한 본격 육아의 첫날은 말 그대로 정신없이 지나갔다. 산부인과 입원 준비물부터 산후조리원에서 필요한 생활용품까지 바리바리 짐을 싸서 들고 갔던 탓에, 캐리어 하나 가방 둘에 가득가득 채운 짐 정리만 해도 시간이 꽤 걸렸다. 빨래거리를 정리하고 세탁기를 돌리고 온갖 물품을 원위치 하는 데 한세월이다. 게다가 여기에 더해 가족이며 지인이며 온갖 출산 축하 선물을 보내준 덕에 택배 상자가 산처럼 쌓였다. 언제 어떻게 쓸지 몰라 풀어헤치지 못했었는데, 결국 어쩔 도리 없이 전부 '언박싱'하여 서랍 구석구석에 넣어두었다. 그리고 나름대로 아기 방을 잘 준비해 뒀다고 생각했으나, 어떤 준비물이 더 필요할지 몰라 고민만 하다가 막판에 육아 용품을 우르르 사버린 탓에, 진짜 집이 미어터지는 줄 알았다. 아직 몸이 덜 풀린 아내를 대신해 집안 정리는 오로지 내 몫이었다. 박스며 비닐 포장지며 온갖 쓰레기를 서너 번에 나눠서 내놓고, 종량제 봉투도 두세 장은 쓴 것 같다. 청소와 정리에 집착하는 내 성격이 이럴 때 참 도움이 많이 된다.

하지만 온전히 정리 정돈에만 집중할 수 있었다면 아무런 어려움이 없었겠지. 집안을 정리하는 틈틈이 아기도 돌봐야 했다. 아내는 여전히 몸이 불편하기 때문에, 모유 수유를 하는 게 아니고서야 어지간한 일은 가능한 내가 다 하려고 노력했다. 물론 아내가 주 양육자이기 때문에 아기를 돌보는 시간이 압도적으로 길기는 하지만 몸을 쓰는 일, 특히 기저귀를 갈거나 아기 엉덩이를 씻기거나 젖병을 닦는 일 정도는 내가 열심히 나서서 했다.

생애 처음으로 분유를 타 봤고, 그 분유를 아기에게 먹여 보았고, 기저귀도 갈고 엉덩이도 닦고, 트림시킨다고 등을 두드리고, 아기가 편히 잠들 때까지 옆에서 '쉬이 쉬이' 소리를 내고, 진짜 별 짓을 다 했다. 유튜브 영상을 보고 인터넷 기사와 블로그 포스팅을 보며 꽤나 공부를 했다 자신했는데, 단 하루 만에 속성으로 실전을 해치우려니 여간 어려운 일이 아니었다.

그래도 며칠 해 보니 이 모든 작업이 좀 귀찮기는 해도 체력적으로 엄청나게 힘들거나 부담스럽지는 않았다. 아직 너무 아기라서 미친듯이 울거나 숨이 넘어가는 시기가 아니라 그런지 정신적으로도 딱히 고통스럽지 않았다. 중간중간 기저귀가 새서 아기 허벅다리에 질펀하게 묻은 대변을 닦아내는 건 좀 힘들긴 했는데, 비위가 좋은 편이라 구역질은 하지 않았다. 애초에 아기의 대변은 발효된 요구르트처럼 시큼한 냄새기 때문에 보통의 '똥 냄새'와는 달라서 견딜만 했다.

아내는 아기의 병원 뒷바라지를 하느라 고생했는지, 온몸이 딱딱해져서 왔다. 특히 어깨와 승모근, 등허리가 단단하다. 생사를 걸고 힘을 줘 아기를 낳았는데, 제대로 몸조리도 못한 아내에게 괜히 미안한 마음이 들었다. 산후조리원에서 마사지를 받을 때도 "어깨가 너무 단단하게 뭉쳤다"라며 물리치료를 받든 도수치료를 받든 해야 한다고 조언을 들었단다. 마사지를 아무리 잘 받아도 몸이 굳는 건 어쩔 수가 없었나 보다. 아무렴 모유를 먹이기 위해 하루에도 몇 번이고 고양이 마냥 허리를 굽히고 있는데 당연한 일일까. 모유를 먹이는 모습을 보니 하부 승모근이며 허리 근육이며 긴장이 강하게 걸린다.

 아내의 몸 상태를 임신 전으로 돌리기 위해 돈과 시간과 체력을 아끼지 않겠다고 다짐했다. 최대한 아내가 편하게 요양할 수 있도록 내가 조금만 더 고생하면 된다.

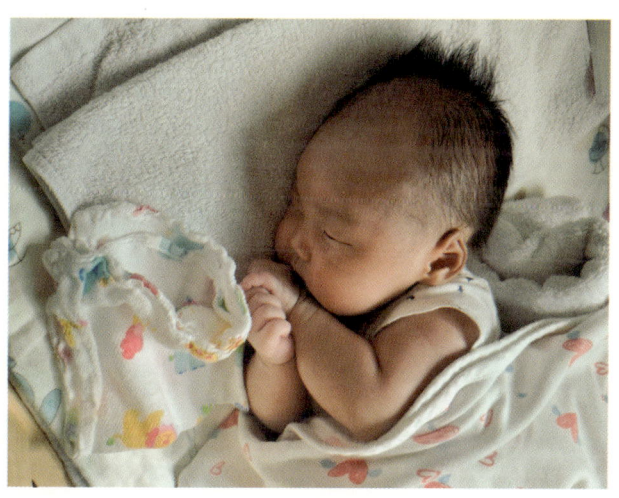

2024.03.23. 역시 집이 최고야!

아내는 팔과 다리에 근육이 다 빠져서 힘이 하나도 없고, 특히 손목이 아프다고 호소한다. 그럼 나에게 주어지는 선택지는 딱 하나 뿐이다. 어지간히 힘 쓰는 모든 일을 다 내가 하는 것이다. 출산 과정에서 발생한 상처들이 낫고, 건강 상태가 임신 전과 같이 돌아올 때까지의 기간을 '산욕기'라고 한다. 대략 출산 후 6주 정도를 잡는 것 같던데, 아내의 산욕기가 원만하게 지나갈 수 있도록 나는 당분간 우리 집 머슴으로 살아야겠다.

30일

행복과 고통이 교차하는 육아 현장

사랑스러운 우리 아기가 태어난 지 벌써 한 달이 지났다. 컴컴한 분만실에서 울그락 푸르락 쭈글쭈글한 아기와 마주한 게 말 그대로 엊그제처럼 느껴지는데, 언제 또 이렇게 시간이 빨리 지나갔는지 신기할 따름이다. 산후조리원 2주에 출장 산후도우미 2주를 더하니, 첫 한 달이 눈 깜짝할 사이에 지나갔다.

아내는 산후조리원에 있는 내내 아기의 병원 수발을 드느라 몸조리를 제대로 하지 못했고, 집으로 돌아올 때도 몸 상태가 100% 올라오지 않은 상황이었다. 이런 마당에 하나부터 열까지 아기 돌봄을 전담한다는 것은 생각만 해도 정말이지 끔찍한 일이다. 옆집 윗집 동네 주민끼리 공동육아를 하던 머나먼 옛날과 달리, 온전히 모든 육아를 혼자 감내해야 하는 지금의 세상에서 산후도우미 없는 육아란 상상하기 어렵다.

정부 역시 이러한 고통을 잘 알고 있는지, 산후도우미 고용에 들어가는 비용을 꽤 큰 비율로 보전하는 사업을 실시하고 있다. 우리 역시 정부 지원 덕에 큰 비용 부담 없이 산후도우미를 쓸 수 있었다.

산후도우미는 여러모로 큰 도움이 된다. 내 집에 모르는 사람을 들이고, 내 아이를 맡긴다는 게 처음에는 불안하기도 하고 어색했는데, 며칠 지나니 아무렇지 않게 됐다. 산후도우미는 아침 9시에 와서 저녁 6시에 간다. 딱 나의 출퇴근 시간과 맞물린다.

산후도우미는 내가 집을 비운 사이, 아내가 휴식을 취하는 사이, 아기를 세심히 돌보며 간단한 집 청소, 빨래와 식사 준비를 도와줬다. 연세 지긋한 아주머니가 왔는데, 나중에 아내에게 듣고 보니 소속 업체에서도 아주 인기가 좋은 분이라 "3주 쓰고 싶었는데 일정 때문에 2주 밖에 쓸 수 없었다"라고 했다. 어쩐지 요리 솜씨도 좋고 집안 청소도 꼼꼼하게 해 주는 것이 평가가 좋을 만했다.

간혹 잔소리가 너무 많다거나, 아기를 괴롭힌다거나, 육아 스타일을 자기 마음대로 끌고 가려고 하는 질 나쁜 도우미도 있기는 하다만, 우리 집에 온 아주머니는 비교적 조용하고 괜찮은 분이었다. 걱정을 많이했는데 모두 기우였다.

아내와 나 그리고 산후도우미까지 어른 셋이 밤낮 가릴 것 없이 물심양면 보살핀 덕분에 아기는 건강하게 쑥쑥 자랐다. 한참 마음고생을 시키던 황달은 아주 말끔하게 나았고 피부도 많이 하얘졌다.

황달 때문에 피 검사를 하면서 갑상선 수치에 묘한 이상이 발견되기도 했는데, 몇 차례 병원을 오가며 추적해 보니, 큰 문제 없이 정상 수치로 떨어졌다.

또 하나, 동네 의원에서 예방접종을 할 때 심잡음이 들린다고 "심장에 구멍이 났을 수 있다"라는 무시무시한 말을 듣기도 했으나, 대학병원 추가 검진 때 "병리적인 문제는 아닌 것 같으니 걱정 말라"라는 의사의 진단을 듣고 안심했다. 황달에 갑상선에 심잡음까지. 시작부터 온갖 질환 얘기를 들으니 몸에 힘이 쫙 빠지는 기분이었다. 그래도 아기가 잘 자라며 가뿐하게 극복하는 중이기에 크게 걱정하지 않고 씩씩하게 육아에 전념하기로 했다.

한 달째가 되어 몸무게를 달아 보니 5.1kg이었다. 38주 6일에 태어난 때부터 3.56kg으로 남아 표준치인 3.4kg을 훌쩍 넘긴 마당이었는데, 이 감자 같은 녀석이 고작 한 달 살아놓고는 2~3개월 영아 표준치만큼 몸무게가 불었다. 6kg을 돌파하는 건 시간문제다. 어쩐지 수유를 위해 들어 올릴 때마다 매일매일 묵직함이 달라지더라니, 이렇게나 빠르게 자라고 있었다. 너무 안 커도 문제지만 너무 커도 문제라고 했다. 적당히 평균치를 유지하며 잘 자라주기를 바란다.

그 와중에 머리가 진짜 크다. 원래도 41주 수준의 머리 크기로 태어났는데, 이제는 정말 이 녀석의 본체는 머리가 아닐까 싶을 정도로 머리가 크다. 또 목 힘은 왜 이리 좋은 건지 자꾸 머리를 들었다 내렸다 왼쪽 오른쪽 돌리고 흔들고 자유자재로 논다. 머리가 큰 만큼 몸통도 뚱땡이가 돼서 그런가 힘이 넘친다. 든든하게 분유를 먹고 트림까지 했는데 딱히 자고 싶지 않을 때는 혼자 팔다리를 휘적이며 힘을 주기도 하고 다리를 이리 뻗고 저리

2024.04.07. 토실토실 살 오른 아들래미

뻗고 잘 논다. 마치 자그만 강아지가 낑낑거리며 혼자 노는 모양새다. 왜 어른들이 아기들더러 "강아지"라고 부르는지 대충 알 것 같았다. 이 작은 녀석이 신나게 노는 모습을 보면 귀여워 견딜 수가 없다. 괜히 손이며 발이며 목덜미며 냄새를 킁킁 맡고 극한의 행복을 느낀다.

아기의 하루 패턴은 딱히 변하지 않았다. 두세 시간 내외의 사이클 속에서 잠을 자고 분유를 먹고 똥을 싸고 울고 놀고를 반복하고 있다. 덕분에 나와 아내의 피로도는 상당히 높아졌다. 분유를 먹이고 트림을 시키고 곧장 잠에 빠지는 때는 정말 효자가 따로 없지만, 요람에 눕히기만 하면 칭얼거리고 잠시도 곁을 떠날 수 없을 정도로 난리를 피울 때는, 말 그대로 쉴 틈이 없다.

도우미가 붙어 있는 낮 시간이야 어떻게든 지나가는데, 아내와 나 둘이 하는 '진짜 육아'는 저녁 늦은 시간부터 새벽 깊은 시간에 집중된다. 아기가 잠을 자 줘야 그 사이에 우리도 잠시 기대앉아 체력을 보충하고, 쪽잠을 자고, 설거지도 하고, 밀린 일도 처리할 텐데, 자라는 잠은 안 자고 계속 안겨 있으려 하면 일상생활이 불가능하다. 육아를 만만하게 생각했던 지난 날의 내가 바보였다.

때문에 아내와 나는 요즘 마땅히 대화를 나눌 시간이 없다. 내가 퇴근하고 돌아오면 대략 저녁 7시쯤 되는데, 허겁지겁 밥을 먹어치우고 육아를 교대하기에 바쁘다. 아내는 밥을 먹고 곧장 자러 들어간다. 매일 출근해야 하는 나의 밤 잠을 보장하기 위해 아내가 새벽 당번을 서기 때문이다. 나는 매일 잠든 아내를 대신해 새벽 1시까지 아기를 본다. 대충 저녁 8시부터 1시까지는 내가, 1시부터 아침까지는 아내가 육아를 담당한다. 아침부터 낮 시간에는 산후도우미가 집에 오는 덕분에, 아내는 항상 짧은 낮잠으로 피로를 푼다. 우리는 나름대로 '근무 시프트'를 짜며 효율적으로 육아를 해결하고 있다.

그럼에도 육아에서 오는 스트레스는 보통이 아니다. 아기가 태어났다고 해서 회사 일이 줄어드는 것도 아니고, 마냥 육아에 전념할 수만은 없다. 아침부터 저녁까지 일을 하고 집에 돌아가 새벽까지 아기를 돌보는 매일이 계속되다 보니 정신적으로 내몰린 기분이 들었다. 수유도 했고, 트림도 했고, 기저귀도 갈았고, 온도도 습도도 알맞고, 잠자리로 편하게 정돈했는데, 그럼에도 아기가 미친 듯이 우는 때가 있다. 숨이 꼴깍꼴깍 넘어가며 울어젖히는데, 도무지 어찌할 방도가 없다.

아기가 우는 이유에 대하여 내가 아는 한도 내에서 모든 해결책을 실천했음에도 아기가 계속 울 때는, 정말 다 포기하고 싶어진다. 낮 시간 내내 회사에 메어 있느라 이미 체력은 바닥이 나 있는데, 아기까지 힘들게 하니, 이는 더 이상 체력전이 아니라 정신력 싸움이다. 여느 초보 엄마가 호소하는 "아기를 집어던지고 싶은 욕망"을 때때로 느끼기도 하고, 딱밤 한 대 세게 때리고 싶다는 생각도 든다. 하지만 마음이 그렇다는 거지 절대 실천으로 옮길 수는 없는 노릇이니, 분노와 정신적 탈진을 조절하고 마음을 다스리는, 정신적으로 한 단계 성장하기 위한 고통이라 생각하며 매일 밤 도를 닦고 있다.

기껏 하루에 너덧 시간 아기를 돌볼 뿐인데도 이렇게나 정신적으로 벼랑 끝에 내몰리는데, 앞으로 온종일 아기와 씨름을 해야 할 아내가 얼마나 힘들지 가늠도 되지 않는다. 이제 산후도우미도 없어서 낮 시간을 아내 혼자 보내야 한다. 물론 내가 '아빠 출산휴가'를 이용해 2주간 함께하기는 하겠다만, 그 이후부터는 아내 혼자 잠도 모자라고, 밥도 제때 못 먹고, 집 밖에도 나가지 못한 채 집에 틀어박혀 육아의 고통에 몸부림쳐야 한다.

아내를 위해 내가 할 수 있는 일이 무엇인지, 어떻게 하면 아내가 조금 더 편안하게 '행복 육아'를 할 수 있을지, 열심히 고민하고 실천해야겠다. 늘 그래왔듯이, 아내와 내가 함께 한다면 아무리 어려운 일이라도 모두 극복할 수 있다.

남편이 쓰는 임신수첩
김호진 에세이

맺는 말

아기, 그 끝없는 행복의 화수분

실제로 경험한 육아는 남들이 말하는 것처럼 굉장히 고단하고 힘든 일이었다. 나의 보살핌이 없으면 곧장 죽는 것 말고는 선택지가 없는 이 작은 생명을 위해 밤잠을 줄였고, 밥도 제때 앉아서 먹지 못했다. 재깍재깍 원하는 타이밍에 화장실에 갈 수 있기는 커녕 이틀에 한 번 꼴로 샤워를 할 수 있으면 감사한 매일이 이어지고 있다.

나 또한 여느 초보 부모처럼 아기와 함께 살아가는 일상에 대해 막연한 불안과 공포를 안고 있었다. 요사이 워낙 텔레비전이며 유튜브며 온갖 곳에서 육아 관련 정보가 쏟아지는데, 이들 중 대부분은 아기를 키우는 게 얼마나 어려운 일인지에 대해 '겁 주는' 용도의 것이었다. 마냥 행복하고 즐거운 모습만 보여주었다가는 육아를 너무 쉽게 생각하게 될까 봐서, 현실 육아의 어두운 면을 보여주어 경각심을 일깨우겠다는 의도는 잘 이해했다. 그러나 점점 자극적이고 매운 맛에 집중하다 보니, 어느 면으로 보나 "육아는 불행한 것이요, 아이는 내 삶을 파괴하러 온 악마다"라는 식으로 이야기가 흘러가게 됐다. 세상 어느 누가 이런 콘텐츠를 보고도 용기를 내서 육아 전선에 뛰어들고 싶을까.

세간에 널리 퍼진 '육아=고통'이라는 등식이 마냥 틀린 것만은 아니지만, 정말 나와 아내 두 사람이 쓰러져 파탄이 날 정도로 고통스러운 것은 아니었다. 나를 죽이지 못하는 고통은 나를 성장시킨다고 했던가. 하루하루 육아 수련을 거듭하는 가운데, 점점 고통에 무뎌지게 됐고, 어려운 일을 하나씩 척척 해결해 나가는 나를 발견하게 됐다. 인간은 역시 적응의 동물이 맞는다.

그렇다면 딱 죽기 직전까지의 고통을 겪은 다음에는 무엇이 남을까. 그건 바로 아기를 키우는 기쁨이다. 단순하게 딱 잘라, 나의 핏줄을 이어받은 작은 생명체를 보살피고 키워나가는 데 행복을 느끼는 수준이 아니다. 여태껏 맛보지 못한 새로운 영역의 행복이 매일 매 순간 우리 집안에서 화수분처럼 샘솟는다.

눈알도 제대로 다루지 못해 희번덕거리던 아기가 어느 날 갑자기 눈을 동그랗게 뜨고 나를 바라볼 때 느끼는 기쁨. 여전히 목을 가누지 못하는 탓에 이리저리 머리를 흔들며 꾸벅꾸벅 조는 모습을 볼 때 느끼는 귀여움. 수유를 마치고 곧장 트림에 성공했을 때 느끼는 희열. 귓바퀴는 나를 닮았고, 귓불은 아내를 닮았네! 입술은 나를 닮았고 코는 아내를 닮았네! 우리 아기의 온몸에서 나 그리고 아내를 닮은 모습을 하나씩 발견할 때 느끼는 신비로움.

어쩌다 한 번 아기가 배냇짓으로 배시시 웃는 모습을 보여줬을 때, 지금까지의 고통이 씻은 듯 사라지는 기분을 느낀다. 어쩜 발가락이 이렇게도 작고 귀여운지. 손 아귀 힘은 왜 또 이렇게 센지 신기할 따름이고, 젖을 잔뜩 먹고 빵빵해진 배를 흔들며 단잠에 빠진 모습에서 완전한 평화를 느낀다. 하나하나 나열하기도 힘들 정도로 수많은 지점에서 온갖 좋은 감정이 휘몰아친다.

물론 육아가 힘든 것은 사실이나, 이 모든 고통의 끝에 찾아오는 행복이 너무나도 커다랗기에 고통을 감내할 가치는 충분히 있다. 오히려 두려움과 걱정에 압도되어 의도적으로 아기를 갖지 않았더라면, 이 재미를 몰랐을 터라 아차 싶기도 하다. 아내와 결혼하고 아기를 갖고 낳아 기르기로 한 선택은, 내 삶에 있어 무엇과도 견줄 수 없는 가장 훌륭한 선택이다.

앞으로 얼마나 더 힘들고 재미난 일이 나를 기다리고 있을까. 아기는 하루가 다르게 자란다. 어제는 못했지만 오늘은 해내는, 방금까지도 못했는데 지금 갑자기 해내는 일들이 너무나도 많다. 손짓 발짓 눈짓 하나하나 매 분 매 초 성장하고 발전한다. 벌써부터, 어느 날 갑자기 훌쩍 커서 아빠랑 놀기 싫어하면 어쩌지 하는 생각을 한다. 나 스스로 꽤나 감정이 무미건조하다고 생각했는데, 아기를 앞에 두고 보니 한없이 말랑말랑해진다.

이 모든 행복과 성취감은 모두 사랑하는 나의 아내가 있기에 가능했다. 항상 내 곁에서 든든한 아군이 되어주는 아내. 뜬금없이 출판사를 차리고 책을 쓰겠다고 선언한 나를 보며 이유도 묻지 않고 묵묵히 응원해 준 아내. 당신이 있었기에 이 책도 쓸 수 있었다. 본문에는 미처 담지 못했지만, 책이 끝나기 전에 마지막 몇 마디나마 아내에게 정말 고맙다고, 정말 사랑한다고 전하고 싶다. 우리는 천생연분이야, 그것만 믿어. 지원아, 사랑한다.

참고자료

1. 기사

고영익. (2021.05.26.). "[건강라운지] 산후비만은 '빨리'보다 '잘' 빼야". 경향신문.

김솔미. (2019.04.05.). "임신 전에는 몰랐던 '임신 주수 계산법'". 베이비뉴스.

김수진. (2022.10.10.). "오늘은 임산부의 날, 임산부 괴롭히는 입덧의 모든 것". 하이닥뉴스.

김용발. (2019.03.07.). "임산부들의 공통 고민 '복부 튼살' 예방과 관리법은?". 메디팜헬스.

김진구. (2018.07.17.). "[소소한 건강 상식] 임신하면 왜 특정 음식 당길까". 헬스조선.

김하진. (2009.01.19.). "임신 중에도 다이어트는 계속되어야 한다?". 헬스조선.

김효정. (2011.12.02.). "임신하면 신 것이 먹고 싶은 이유". 브레인미디어.

류미선. (2015.08.16.). "임산부 코골이 심하면 태아 성장 지연시킨다". 메디포뉴스.

박 설. (2020.07.28.). "모유 수유 후 생기는 가슴 변화, 관리법은?". 하이닥뉴스.

박진아. (2021.07.15.). "아들이야 딸이야? 믿거나 말거나 속설 알아보기". 시선뉴스.

신원선. (2021.11.04.). "임산부들이 신뢰하는 한국술가 '엽산'". 메트로신문.
신정윤. (2015.09.02.). "임신 7주차 증산, 유산 방지 수칙은?". 하이닥뉴스.
유대형. (2017.04.28.). "임신 중 떠나는 해외여행, 괜찮을까?". 헬스경향.
유선종. (2011.07.25.). "안전한 여행을 위해 임산부가 알아야 할 TIP". 의학신문.
이경숙. (2018.11.12.). "임신 중 가스 불쾌감 줄이는 5가지 방법". 메디소비자뉴스.
이상만. (2022.05.24.). "임신성 당뇨병 환자 최근 10년간 2배 증가". 의학신문.
이우사. (2018.01.23.). "출산후 6~12주 체중관리가 산후비만 좌우". 경상일보.
이정은. (2020.09.06.). ""배 자주 만져도 되나요?" 태동에 관해 궁금한 모든 것". 한국일보.
이주연. (2015.11.08.). "임신부 커피 복용, 여기까지 가능합니다". 오마이뉴스.
이진경. (2022.07.28.). "임산부에게 '토마토'가 좋은 이유". 키즈맘.
이해나. (2022.10.25.). "임산부에게 인기 '튼살크림'… 효과는 글쎄". 헬스조선.
장인선. (2023.10.09.). "제대로 알고 하면 더 좋아…임신기간 체중관리·운동법". 헬스경향.
전종보. (2020.11.30.). "임신 후 갈라지는 피부, 초기부터 관리해야". 헬스조선.

차은지. (2020.07.08.). "100세까지 가는 태아보험…임신 22주 안에 가입해야[금융실험실]". 한국경제.

최민영. (2020.10.21.). "임신 초기 필수 영양제" 엽산제 똑똑하게 고르는 법". 건강다이제스트.

최은경. (2017.08.22). "오래된 튼살도 제거할 수 있을까? 출산 후 튼살 없애는 방법". 하이닥뉴스.

최지호. (2022.03.15.). "임신부 수면 장애…원인과 치료 방법은?". 병원신문.

황덕상. (2012.08.10.). "손만 잡아도 임신? 배란기에도 확률은 35%". 한겨레.

2. 인터넷 자료

Aptaclub. (2019.12.03.). "임신 11주차: 임신증상과 태아발달". URL: https://www.aptaclub.co.kr/pregnancy/weeks/ pregna ncy-week-11.html

GM제일산부인과. "산과클리닉". 최종접속: 2023.08.21. URL: http://www.gmcheil.co.kr/obstetrics/obstetrics01.html

건강인. (2016.11.). "운동하는 임산부가 건강해요". 국민건강보험. URL: https://www.nhis.or.kr/magazin/mobile/20161 1/c08. html

국민재난안전포털. "비상대비용품". 최종접속: 2023.11.19. URL: https://www.safekorea.go.kr/idsiSFK/neo/sfk/cs/contents/prevent/SDIJKM5218.html?menuSeq=382

김윤하. "질병정보〉 임신 중 입덧". 화순전남대학교병원. 최종접속: 2024.01.16. URL: https://www.cnuhh.com/health/ disease.cs?act=view&infoId=434&searchKeyword=&searchCondition=&pageIndex=15

대한산부인과학회. "일반인 공간〉 의학정보〉 임신성 당뇨". 최종접속: 2023.11.29. URL: https://www.ksog.org/public/index.php?sub=1&third=8

마더스랩. "[임산부 이야기] 임산부 배탈 났을 때 약 말고 대처하는 방법". 최종접속: 2024.04.10. URL: https://www.motherslab.co.kr/ourstory/?q=YToyOntzOjEyOiJrZXl3b3JkX3R5cGUiO3M6MzoiYWxsIjtzOjQ6InBhZ2UiO2k6ODt9&bmode=view&idx=

15710160&t=board

맘스홀릭베이비. (2019.12.17.). "임신 중 입맛이 변하는 게 사실일까?". 네이버 블로그. URL: https://post.naver.com/ viewer/postView.nhn?volumeNo=27044181&memberNo=3265970

매일아시아모유연구소. (2017.05.16.). "임신 중 운동". 매일아이. URL: https://www.maeili.com/cms/contents/contentsView.do?categoryCd1=1&categoryCd2=5&categoryCd3=2&idx=652&reCome=1&gubn=1

매일아시아모유연구소. "우리 아기를 위한 방 꾸미기". 매일아이. URL: https://www.maeili.com/cms/contents/contentsView.do?idx=5933&categoryCd1=3&categoryCd2=3&categoryCd3=4&reCome=1&gubn=2

바이오슬립센터. (2019.05.30.). "임신 중 코골이 발생과 대처 방법". URL: https://kokodoc.com/snoring-info-04/

베이비빌리. "아기 맞이할 준비, 아기방 꾸미기". 최종접속: 2024.04.10. URL: https://babybilly.app/contents/detail/127

베이비빌리. "임신 중 절대 먹으면 안되는 약이 있다?". 최종접속: 2024.04.10. URL: https://babybilly.app/contents/detail/1670

병원간호사회. "간호사가 알려주는 홈케어〉 임신과 출산". 최종접속: 2023.08.10. URL: https://www.khna.or.kr/homecare/11_pregn/pregnancy01.php

병원간호사회. "임신에 따른 신체적 변화/정서적 변화". 간호사가 알려주는 홈케어. 최종접속: 2023.08.05. URL: https:// www.khna.or.kr/homecare_new/10_pregn/pregnancy01_11.php

삼성서울병원. (2016.03.04.). "지피지기 백전백승 입덧의 모든 것". URL: http://www.samsunghospital.com/home/ healthInfo/content/contenView.do?CONT_SRC_ID=32183&CONT_SRC=HOMEPAGE&CONT_ID=3823&CONT_CLS_CD=001021008001

서울아산병원. "건강정보〉의료정보〉질환백과〉가진통". 최종접속: 2024.04.10. URL: https://www.amc.seoul.kr/asan/healthinfo/disease/diseaseDetail.do?contentId=31838

소소대담. (2018.04.20.). "임신 중 사용 가능한 약물(소화제, 항구토제, 제산제). URL: https://blog.naver.com/cristinasoyu/221257667772

송파고은빛산부인과. (2022.05.12.). "잠실여의사산부인과 임신 중 먹어도 되는 약VS안되는 약은?". URL: https://m.blog.naver.com/gounbitsp/222729726969

식품의약품안전처 의약품통합정보시스템. "보령정로환당의정". 최종접속: 2024.04.10. URL: https://nedrug.mfds.go.kr/pbp/CCBBB01/getItemDetailCache?cacheSeq=199601083aupdateTs2024-03-09%2023:03:39.0b

아이사랑. "출산〉출산준비". 보건복지부. 최종접속: 2024.04.10. URL: https://www.childcare.

go.kr/?menuno=266
아이코드. (2022.09.21.). "임신 중 배 뭉침, 증상과 대처법!". URL: https://www.icord.com/artyboard/?act=bbs&subAct=view&bid=bbs_info&page=20&order_index=title&order_type=asc&list_style=list&seq=14797
열린산부인과. "진료안내 〉 산과 특수 크리닉 〉 산전산후 특별관리". 최종접속: 2023.08.10. URL: http://www.open obgy.com/ sub2_1_4.html
원현주. (2018.08.27.). "임신 중 트러블(복부팽만, 변비 등)", 매일아이. URL: https://www.maeili.com/cms/contents/ contentsView.do?categoryCd1=1&categoryCd2=5&categoryCd3=1&idx=4055&reCome=1&gubn=1
응급의료포털. "응급실 찾기". 최종접속: 2023.11.19. URL: https://www.egen.or.kr/egen/search_emergency_room.do
질병관리청 국가건강정보포털. "건강정보〉 입덧". 최종접속: 2023.07.30. URL: https://health.kdca.go.kr/healthin fo/biz/health/gnrlzHealthInfo/gnrlzHealthInfo/gnrlzHealthInfoView.do?cntnts_sn=5430
질병관리청 국가건강포털. "식이영양(임산부)". 최종접속: 2023.08.31. URL: https://health.kdca.go.kr/health info/biz/health/gnrlzHealthInfo/gnrlzHealthInfo/gnrlzHealthInfoView.do?cntnts_sn=5214

차케어스. "건강정보 - 임신 중 초음파 검사". 최종접속: 2023.08.21. URL: https://www.chamc.co.kr/health/ guide/default.asp?ct_id=328

통계청. "시군구별 표시과목별 의원 현황". 건강보험통계. 최종접속: 2023.07.18. URL: https://kosis.kr/statHtml/stat Html.do?orgId=354&tblId=DT_HIRA4G&vw_cd=MT_ZTITLE&list_id=354_MT_DTITLE&seqNo=&lang_mode=ko&language=kor&obj_var_id=&itm_id=&conn_path=MT_ZTITLE

핑크북정약사. (2020.01.30.). "[약사가 알려주는] 임산부 복용 가능한 약 1편(임신 중 감기약/두통약/기침약/가래약/콧물약/항생제)". URL: https://m.blog.naver.com/the_pinkbook/221790611916

남편이 쓰는 임신수첩
김호진 에세이

가족을 돌보지 않는 남자는
진정한 사내가 될 수 없다.
"A man who doesn't spend time with his family
can never be a real mam."

남편이 쓰는 임신수첩
마음으로 아기를 품은 남편, 그 열 달의 기록

초판1쇄 2024년 06월 01일

지은이   김호진

펴낸이   김호진
펴낸곳   도서출판 이목
전 화   010-4691-4265
이메일   hojin1030k@gmail.com

인 쇄   POD Book(천일문화사)

출판등록   2024년 01월 23일
출판신고   제2024-000014호
ISBN   979-11-987461-0-8 30810

* 잘못된 책은 구입한 곳에서 바꾸어 드립니다.
* 책값은 뒤표지에 있습니다.